语气词"了"的隐现规律研究

王 巍 ◎ 著

中国社会科学出版社

图书在版编目(CIP)数据

语气词"了"的隐现规律研究 / 王巍著 . —北京：中国社会科学出版社，2018.6
ISBN 978-7-5203-2961-3

Ⅰ.①语… Ⅱ.①王… Ⅲ.①汉语-助词-研究 Ⅳ.①H146.2

中国版本图书馆 CIP 数据核字(2018)第 180384 号

出 版 人	赵剑英
责任编辑	任 明
责任校对	周 昊
责任印制	李寡寡

出　　版	中国社会科学出版社
社　　址	北京鼓楼西大街甲 158 号
邮　　编	100720
网　　址	http://www.csspw.cn
发 行 部	010-84083685
门 市 部	010-84029450
经　　销	新华书店及其他书店

印刷装订	北京君升印刷有限公司
版　　次	2018 年 6 月第 1 版
印　　次	2018 年 6 月第 1 次印刷

开　　本	880×1230　1/32
印　　张	7.625
插　　页	2
字　　数	185 千字
定　　价	68.00 元

凡购买中国社会科学出版社图书，如有质量问题请与本社营销中心联系调换
电话：010-84083683
版权所有　侵权必究

摘　　要

　　虚词是汉语语法体系中重要的语法手段之一。在虚词中，句末语气词"了"（本文简称"了$_2$"）的使用频率极高。其语义内涵丰富，和其他词语组成的语法句式多种多样，出现规律和语用条件难以把握，所以一直是汉语教学和研究的难点。

　　所谓"了$_2$"的隐现问题是指按照语义表达需求，"了$_2$"应该出现时却没有出现。具体表现为有时必须出现，有时可隐可现，有时必须隐匿。看似扑朔迷离，无章可循。"了$_2$"隐现规律成为汉语研究的一道令人头疼的难题，主要在于"了$_2$"并不以语义为出现的唯一条件。我们的研究表明，语法意义、语用因素（语用功能、语体差异、语境条件）、音节以及某些特殊句式因素都主宰着"了$_2$"的隐现。对这些因素进行深入分析将会有助于我们揭示"了$_2$"的隐现规律。

　　本书从对外汉语教学的角度，以追踪"了$_2$"的隐现规律为线索，力求在语义、语法、语用三个平面上建立起一个语气词"了$_2$"的全面、科学的描写体系。基于这个目标，首先汇总、分析多年来关于"了$_2$"研究的所有文献资料，进行分类整理，确定研究的现状和起点。第二章以探究"了$_2$"的隐现规律为主旨，逐一探讨语法意义、语用因素（语用功能、语体差异、语境条件）、音节因素以及某些特殊句式是如何制约"了$_2$"的隐现规律的，并且结合案例进行综合分析，指明这些因素之间的内在联系，最终以图表的形式清晰呈现。在论证过程中，本书从结构语言学的分布理论出发，重新梳理"了$_2$"的语义分布系统，明确其语义的核心与外延，总结常见的语法形式。根据认知语言学理论中的"有界""无界""转喻"等理论探讨了句内语境对"了$_2$"的隐现规律的制约。在谈到"了$_2$"的语用功能时，本书从语用学的视角指出"了$_2$"的出现是作为焦点信息的提示，在语段中的隐现同时也体现出了从简去繁的语用规则。第三章至第八章，本书列举了"了$_2$"的六种语义变体，展示其相关语法句式，探究其隐现规律和语用条件。同时侧重分析了与"了$_2$"同现的其他语法成分，如谓语动词、状语、补语等的语义、语法特征，这些成分与"了$_2$"共现的条件限制，以及它们与"了$_2$"的隐现规律之间的深层制约关系。

  本书在研究过程中采用了如下一些具体方法：语料库统计与分析、义素分析法、替换法、删略法、比较法、层次分析法和转换分析法等。

  本书将会有助于汉语研究者深化对语气词"了$_2$"的认识。在对外汉语教学、语言对比、汉外翻译以及语言类型学研究方面也将有建设性的参考意义。

关键词：隐现规律；隐现条件；语用功能；语用原则；界变；转喻；显著度；音节；语境

ABSTRACT

Function words are important grammar elements in Chinese. The modal particle "了" (abbreviation for "了$_2$") is one of the most frequently used function words. It is hard to grasp the "了" in Chinese linguistic studies and Chinese as Second Language Teaching due to its rich meanings, the plethora of diverse clause patterns it forms with other words, and the elusive conditions under which it is applied.

"了$_2$" could be added or subtracted according to the circumstances. The use and ellipsis of "了" seems complicated and doesn't follow any apparent rules. The reason is that the word doesn't function solely as a tool to convey meaning. There are several factors that can affect the ellipsis of "了$_2$", including semantics, context, word function, syllable, the different requirements of written language and oral language, and sentence patterns. The analysis of these factors will help us resolve the puzzle of "了$_2$".

The purpose of this research is to find the rules of using or deleting "了$_2$" and to describe them systematically on three dimensions: semantic, grammar and pragmatic. Thus, I collected and analyzed numerous papers on this topic published in recent years, trying to figure out what the research achieved so far. In chapter 2, I analyze how the relevant factors (semantic, context of words, word function, syllables, the different requirement of written language and oral language, sentence patterns) affect the change of "了$_2$". I then conduct comprehensive case studies, pointing out the inner relation of the elements mentioned above. Adapting the distribution theory from Structural Linguistics, the thesis recognizes the semantic distribution of "了$_2$", clarifies its connotation and extension, and draws a conclusion about the grammar patterns of "了$_2$". Also discussed is how the content of words in a sentence condition the characteristics of the ellipsis of "了$_2$". The topic is viewed through linguistic theories such as bounded, unbounded and grammar metonymy. The thesis pointed out that from the pragmatic perspective, "了$_2$" often functions to emphasize key information in the sentence. The ellipsis of "了$_2$" shows that "keep it simple rather than complicated" has always been a pragmatic rule. In chapter 3-8, the thesis singles out six types of semantic variants of "了$_2$", investigates the sentence pattern it applies to, and explores the laws of ellipsis according to different pragmatics. Also, the research pays attention to other grammar factors, such as predicates, adverbials and complements, all of which appear with "了$_2$" in sentences, as they interact with and condition "了$_2$".

Certain methods were applied to the thesis: corpus statistics and analysis, semantic analysis, linguistic displacement, comparative linguistics, linguistic layer analysis and conversion analysis etc.

The research provides a deeper analysis of the modal particle "了$_2$" to Chinese linguistic researchers and offers valuable insights to Chinese as Second Language Teaching, comparative linguistics, Chinese translation and linguistic typology as well.

Keyword: elliptical phenomena, affection elements, word function, bound change, metonymy, salience, syllable, context of words

序　　言

　　我最早认识王巍老师是在 2008 年暑期法国汉语教师来华培训期间，她负责给法国教师们讲授对外汉语教学实践课。课上课下我们也会共同探讨一些汉语语法教学的难点问题，觉得很有趣也很有意义。那时我知道她在写关于"了"的隐现规律的论文，她陆续发表在《汉语学习》等刊物的相关论文我也阅读过。一直很期待她这本专著的出版，并且诚挚地邀请她明年来欧洲汉语教学学会的年会上与众位同仁分享此研究成果。

　　在对外汉语语法教学中，汉语虚词教学是一个老大难问题，尤其是语气词"了"的使用更是让外国学生摸不着头脑。因此他们这样戏谑地说："你'了'我不'了'，我不'了'你'了'，到底什么时候'了'，我也不知道了"。这句话反映了学生们普遍的困惑心理。因为语气词"了"是一个如此特殊的虚词，它在汉语中是仅次于"的"的高频词，出现频率高，其语法意义、语法组合形式、语用功能都很复杂多变，并且时隐时现，使用规律难以确切地把握。这就造成了外国学生们在使用语气词"了"时产生了大量的错误，比如避免使用或者泛化使用等。

　　汉语的虚词系统之所以复杂，是跟汉语的"孤立语"的本质特征紧密相关的。因为汉语缺少词形变化等语法手段，使得虚词除了具有词汇意义以外，还肩负了太多的语法意义与功能。而且为了避免语言的繁复，虚词在使用中还存在大量的隐匿现象。如果想搞清楚汉语虚词的意义及用法，不能不从其语法意义入手来进行研究。

王巍老师抓住了汉语的这一本质特征，从分析语气词"了"的语义入手，并以汉语教学语法的视角来描述语气词"了"的不同语义变体及其语法形式，进行了类别化的区分。阐明了"了"的六种主要的语义变体，并以此确定了论文的主体框架。在详细分析每种变体的语法、语法、语用特征之前，她在第一章深入论述了制约语气词"了"的隐现规律的主要原因，指出：语气词"了"不以语义为出现的唯一条件，是语义、语法、语用、音节四种因素综合作用的结果。单一地只从某一个方面进行探讨和解释是很片面的，这会给学习者带来错误的指引。语义的表达需求、语境的提示与制约、语用规则的潜在作用、语体条件的差异、相关句法成分之间的关系以及音节等因素都主宰着"了"的隐现与分布。对这些因素进行全面考察将会有效增强"了"在教学上的科学性、系统性和可操作性。这些研究结论对于汉语教学界重新思考语气词"了"的教学内容与方法有重要参考价值。在后面的几章中，她对语气词"了"的每种变体及其出现的规律进行深入细致的描写与分析。这种研究需要缜密的观察与思考，需要耗费大量的心血，看起来最终真正做到了语言研究上的"三个充分性"——观察充分、描写充分、解释充分。目前，对外汉语教学界普遍缺少的就是这种对某一个难点的从宏观到微观的深入的探索。

本研究的特色之一在于坚持教学语法的理念。王巍老师有长期的对外汉语一线教学的工作经验，她深知理论语法与教学语法的差距，艰深晦涩的理论语法研究成果根本无法直接应用于汉语教学课堂实践。因此她从问题的提出到问题的解决，自始至终坚持从实践中来到实践中去的原则，致力于解决教学中最棘手的问题。研究成果可以直接应用汉语教师培训课程，进而指导学生学习。

在研究过程中，注重运用新理论新方法也是本书的另一特色。引进关于"有界"与"无界"的认知理论非常有助于理解语气词"了"的基本语义，并有助于阐明其与其他同现成分之间的组合关系、深层语义关联。语义的显著度与补语、状语等成分导致"了"的隐匿现象之间的关系，也分析得非常到位，切中要害。为了达成研究目标，解开语气词"了"的隐现之谜，作者将分布理论、认知语法、语用分析理论等理论综合运用，并以语言实例、语料统计分析等作为实证手段，使得论述条理清晰，有理有据，解释充分，结论可靠。

汉语是神奇的存在，它有着优美独特的文字、抑扬顿挫的发音、丰富多彩的词汇、自成一体的语法。在当前全球兴起"汉语热"的大背景下，各个国家和地区都有很多人在努力学习汉语。在汉语教学及研究方面目前仍有许多诸如此类的死角急需我们去解决，因此汉语的研究和探索更不应该停滞不前。广大对外汉语教师和汉语研究者应该担负起这样的使命，要紧跟时代，发现问题，解决问题。要不断攻克汉语教学的难关，为教学寻找新途径新方法，为汉语的传播贡献力量。感谢王巍老师在这样的时代背景下，为对外汉语教学界奉献一部这样的作品。希望有更多的有实际应用价值的著作出版，希望有更多的一线教师参与到教学研究中来，不断提升教学质量，研发出更好的教学产品，满足汉语日益兴盛发展的需要。

是为序。

Joël Bellassen 白乐桑

2018 年 8 月 18 日于巴黎

目　　录

绪论 ………………………………………………………（1）
　一　研究缘起 …………………………………………（1）
　二　研究内容及理论基础 ……………………………（5）
　三　语料来源、研究方法及研究意义 ………………（10）
　四　本书的结构安排 …………………………………（10）
第一章　语气词"了$_2$"的多视角研究综述 ……………（12）
　第一节　关于"了"的产生和历史演变 ……………（12）
　　一　"了"做动词 ……………………………………（12）
　　二　"了"做助词 ……………………………………（13）
　　三　"了"做语气词 …………………………………（13）
　　四　句尾"了"和词尾"了"不同源 ………………（14）
　第二节　关于"了$_1$"和"了$_2$"的区别 ………………（14）
　　一　一个"了" ………………………………………（15）
　　二　两个"了" ………………………………………（15）
　　三　三个"了" ………………………………………（15）
　　四　多个"了" ………………………………………（15）
　第三节　关于"了$_2$"的语法意义和语法性质 ………（16）
　第四节　汉外比较方面的考察 ………………………（17）
　第五节　隐现规律的考察 ……………………………（18）
　第六节　含"了$_2$"的句法结构的考察 ………………（21）
　　一　副词与"了$_2$" ……………………………………（21）

二　动词与"了₂"……………………………………（22）
　　三　名词与"了₂"……………………………………（22）
　　四　述补结构与"了₂"………………………………（22）
　　五　时间词与"了₂"…………………………………（23）
　　六　"太+形/动"与"了₂"……………………………（23）
　　七　其他结构…………………………………………（23）
　第七节　"了₂"的教学与习得……………………………（24）
第二章　"了₂"隐现的条件………………………………（26）
　第一节　"了₂"隐现的条件之一：语法意义……………（27）
　第二节　"了₂"隐现的条件之二：语用因素……………（32）
　　一　"了₂"的语用功能………………………………（32）
　　二　语体差异…………………………………………（45）
　　三　语境制约…………………………………………（47）
　第三节　"了₂"隐现的条件之三：音节制约……………（68）
　第四节　"了₂"隐现的条件之四：特殊句式……………（71）
　第五节　小结………………………………………………（73）
　第六节　案例综合分析……………………………………（78）
第三章　"了₂"表动作已发生并兼表事态变化…………（91）
　第一节　语法形式和语义变体……………………………（91）
　　一　语法形式与语义变体……………………………（91）
　　二　句外语境、句内语境与"了₂"的语义表现……（93）
　第二节　"动作行为动词+了₂"中"了₂"的隐现
　　　　　状况分析………………………………………（95）
　　一　双音节结果义动词………………………………（97）
　　二　单音节结果义动词………………………………（99）
　　三　持续义动词………………………………………（100）
　第三节　"动作行为动词+了₂"中的同现成分
　　　　　分析………………………………………………（102）

一　常与"动作行为动词+了$_2$"同现的成分………（102）
　　二　需某种条件限制才能与"动作行为动词+了$_2$"
　　　　同现的成分 ……………………………………（102）
　　三　不能与"动作行为动词+了$_2$"同现的成分 …（104）
　第四节　"心理状态动词+了$_2$"中的同现成分
　　　　　分析 ……………………………………………（107）
　第五节　状语成分和"了$_2$"的隐现 …………………（109）
　第六节　补语成分和"了$_2$"的隐现 …………………（111）
　　一　"结果义"补语与"了$_2$"的隐现…………………（111）
　　二　转喻的显著度 ………………………………………（116）
　第七节　"被"字句与"了$_2$"的隐现 …………………（118）
　　一　由"了$_2$"的转喻成分引起的
　　　　"被-了"句 ……………………………………（119）
　　二　其他类型的"被-了"字句 ………………………（122）
　第八节　"把"字句与"了$_2$"的隐现 …………………（126）
　　一　由"了$_2$"的转喻成分引起的"把-了" …………（127）
　　二　其他因素造成的"把-了"字句 …………………（129）
　　三　比较"被-了"字句和"把-了"字句 ……………（133）

第四章　"了$_2$"表主体状态的变化 ……………………（135）
　第一节　（部分）名词+了$_2$ …………………………（135）
　第二节　（部分）形容词+了$_2$ ………………………（138）
　第三节　代词+了$_2$ ……………………………………（140）
　第四节　数量词+了$_2$ …………………………………（140）
　第五节　（部分）副词+了$_2$ …………………………（141）

第五章　"了$_2$"表提醒听话人事态将要变化 …………（143）
　第一节　（表可能、要求、愿望类）助动词+
　　　　　动词+了$_2$ ……………………………………（144）
　　一　表示可能性的助动词+动词+了$_2$ ………………（144）

二　"助动词+动词+了₂"中的两种结构层次 …… (147)
　第二节　不+动词+了₂ ……………………………… (148)
　第三节　将要义副词/助动词"要"+动词+了₂ …… (150)
　第四节　动词+了₂ ………………………………… (152)
　第五节　我（们）+动词+了₂ …………………… (154)
　第六节　不要/别+动词+了₂ …………………… (155)

第六章　"了₂"表对原词词义和词性的改变 ……… (159)
　第一节　"得了"语义、语法分析 ……………… (160)
　第二节　"算了"语义、语法分析 ……………… (163)
　第三节　"罢了"语义、语法分析 ……………… (165)
　第四节　"行了"语义、语法分析 ……………… (167)

第七章　"了₂"表对原句动作延续时量的改变 …… (170)
　第一节　动词+（了₁）+数量补语/数量定语+
　　　　　（宾语）+了₂ ……………………………… (171)
　　一　基础语义与语法形式分析 ……………… (171)
　　二　"动词+了₁+时间量+了₂"中的"时间
　　　　量"问题 ……………………………………… (173)
　　三　与其他成分的同现状况分析 …………… (175)
　第二节　时间段+否定副词+动词+了₂ ………… (180)
　　一　时间段+没有+动词+了₂ ………………… (180)
　　二　时间段+不+动词+了₂ …………………… (187)

第八章　"了₂"表确定某状态的超常变化，并增加
　　　　感叹色彩 ……………………………………… (189)
　第一节　太+形/动+了₂ …………………………… (189)
　　一　语义和语法形式分析 …………………… (189)
　　二　句法功能 ………………………………… (193)
　　三　语用条件 ………………………………… (194)
　　四　"太+不+形+了₂"和"不+太+形+了₂" …… (196)

第二节 最+形容词/动词+了₂ ……………………（198）
 一 语义和语法形式分析 ……………………（198）
 二 句法功能 ………………………………（200）
 三 语用条件 ………………………………（202）
第三节 可+形容词/动词+了₂ ……………………（203）
 一 语义和语法形式分析 ……………………（203）
 二 句法功能 ………………………………（205）
 三 语用条件 ………………………………（206）
结语 …………………………………………………（208）
参考文献 ……………………………………………（216）
后记 …………………………………………………（224）

绪　　论

一　研究缘起

汉语是一种缺乏形态变化的语言，属于分析性语言。它的语法意义不是借助严格的形态变化，既没有英、俄、法等语言里所具有的形态标记和曲折变化，也没有日、韩等语言里所具有的黏附形式和变化手段。在其他语言里通过实词的形态变化所能表达的语法意义，在汉语中常需要通过虚词来实现。所以虚词成为汉语中至关重要的语法手段。

在虚词中，语气词是很特殊的一类。它们的语法意义虚幻，使用灵活，随意性强，出现规律和语用条件难以把握。由于语气词一般出现在句末，使用与否常常不会影响整个句子结构。这些都给把汉语作为第二语言的学习者带来了诸多学习上的障碍。

陆俭明指出："我们在虚词教学中还有不少难题，就是'的'和'了'这两个最普遍最常用的虚词。统计表明：一般文章中所使用的虚词数约占总词数的20%—30%，而'了'占了 2%—3%。一个词，特别是虚词，在话语中的使用频率越高就越被人看作是最普通的词。而正是这样的词，其用法往往是最复杂的。这可以说是一种普遍规律。汉语中的'的'和'了'就属于这种词。事实告诉我们，外国学生在学习汉语时，虚词始终是他们一个学习的难点。我们对中文专业的13名二、三年级外国留学生和两名外国进修生在一个学期里所做的作文、练习里出现的有语法错误的 1464 个病句中，统计其中由于虚词使用不当引起的竟达 952 个，占 65%。这一情况说明，一个外国学生要学好汉语，必须学好虚词，这一情况也告诉我们，在汉语教学中必须重视虚词教学。"①

在汉语中，按照所出现的句法位置的不同，可以分为两个"了"，一个是在动词后，称为"了$_1$"；一个是句尾语气词"了"，称为"了$_2$"。② 本书的研究对象是句尾语气词"了"，以下我们将按惯例简称为"了$_2$"。值得说明的是，关于"了$_2$"的性质是不是语气词，学者们历来多有争论（详见第一章"了$_2$"的多视角研究综述），但是对学习汉语的外国人来说是何种名称并不重要，重要的是把握其分布、隐现和使用规律。所以从教学语法的角度考虑，本书不做这方面的讨论，将出现在句尾的"了"统一称为语气词"了"，即"了$_2$"。"了$_2$"在汉语中的出现频率极高，据对初级汉语口语课本《汉语口语》③ 上、下册全部对话课文共计 2.5 万字的统计，"了$_2$"的出现频率为 21‰。在汉语诸词中仅次于"的"而位居第二。由于"了$_2$"的语法意义高度抽象虚幻，语法形式也随之复杂多变，所以向来是语法学界研究的焦点之一。对于一个外国学生来说，明白"了$_2$"的基本语义及其出现的基本句法格式并不困难，最难的还是如何把握它在使用中的千变万化。什么时候必须出现，什么时候可自由隐现？制约机制是什么？隐与现的差别是什么？与其他同现单位之间有哪些内在联系？为什么有的词可以直接和"了$_2$"组合，有的词却不能？为什么有时候

---

① 陆俭明、马真：《现代汉语虚词散论》，语文出版社 1999 年版，第 2 页。
② 同上。
③ 赵燕皎、张起旺：《汉语口语》，华语教学出版社 1989 年版，第 1 页。

"了₁"和"了₂"可以直接替换而意思几乎不变,有时却不行?这些问题如果搞不清楚,对完全没有自然语感的外国人来说,怎么能正确使用这个写法简单、用法复杂的"了"字呢?

我们注意到,现在对外汉语教学中,教师们通常是根据教材上的解释对"了₂"的基本语义做出说明,例如:"用于句末,主要肯定事态出现了变化或即将出现变化。"① 这样解释,并给出相应的句法结构和例句后,面对外国学生们许许多多的问题仍然无法解释。汇总这些问题,最典型的可归结为以下四类:

第一类:无法正确区分"了₁"和"了₂",经常该用"了₁"的地方用了"了₂",该用"了₂"的地方用了"了₁"。例如:

> 我来了上海一年。(×)
> 早上八点,我喝一杯豆浆了;中午十二点,我吃一个汉堡包了。(×)

第二类:由于不清楚组合限制的条件,造成"了₂"与其他词语的错误组合。例如:

> 我喜欢他了。(×)
> 我爱他了。(×)

第三类:常过度泛化使用"了₂"。例如:

> 我先去西单了,在那儿吃饭了,买一些东西了,然后

---

① 吕叔湘:《现代汉语八百词》,商务印书馆1999年版,第351页。

去朋友家了。(×)

第四类：在不适宜的语境中使用含"了₂"的句式。例如：

甲：你家远不远？乙：太远了。(×)

这些问题说明，明白语义及主要的语法形式并不能使学生会用这个看似简单的虚词，教师简单地根据课本进行解释也无法教会学生使用"了₂"这个字。造成语气词"了₂"难学难用的局面，除了虚词自身的客观因素，还有就是汉语学界在这个虚词研究方面的欠缺。虽说关注此问题的学者日渐增多，但大多还停留在某种理论的尝试或对某一问题的特别关注上。研究角度一般为"了₂"的语法意义探索；"了₂"在某一句法结构中的语法意义和使用研究，如"把"字句等；"了₂"与其他虚词的关系研究，如"了₂"与"呢"等；关于"了₂"的习得研究；"了₂"的语用、修辞功能研究。而对于"了₂"的语义变体和结构形式、"了₂"的隐现规律、进入句法平面后与其他同现成分的深层制约关系、语用方面的限制条件等尚缺乏全面、细致、准确的描写和把握。只有把这些弄清楚了，关于"了₂"究竟如何使用的问题才能彻底解决。

张斌、张谊生指出："毋庸讳言，虚词研究中还存在不少问题和不足。主要表现为：虚词本身的意义和用法描写得深入细致，而结合虚词的格式和句式的分析还略显零散薄弱。表层现象和具体义项的归纳分析仍然居多，深层关系和内在联系的探索和解释还嫌不足。"[①] 事实证明，"了₂"的研究也存在上

[①] 张斌、张谊生：《现代汉语虚词》，华东师范大学出版社2000年版，第14页。

述问题。本书就是要在前人现有研究成果的基础上进一步探究"了₂"在使用方面的深层次问题，为汉语教学和研究提供借鉴。

二　研究内容及理论基础

"了₂"的隐现是指根据语义表达需求，"了₂"应该出现时却没有出现，具体表现为时而出现，时而隐匿。看似自由出没，其实是受到很多因素的制约。本书的研究目标是以追踪"了₂"的隐现规律为线索，在语法、语义、语用三个平面上重新建立起"了₂"的分布体系。因为"了₂"的隐现问题极为复杂，所以我们在不同平面的研究中吸收了如下不同派别的理论精粹。

（一）分布理论

这是美国结构主义学派的重要理论。分布[①]是指语言成分或语言单位出现的环境，也就是一个语法单位在组合中即在更大的语法单位中所处的位置。这种"所处的位置"是一个语法单位分布的总和，反映了这个语法单位全部的用法。在一个语法单位分布的总和中，有些分布的环境对语法单位有选择性，或者说这个语法单位对其所处的环境中前后出现的成分具有选择作用；对分布的环境来说，它对语法单位的选择体现在"限制条件"上，对于这个语法单位来说，它对前后成分的选择体现在搭配功能上。尽管在结构主义之后语法理论不断更新，但分布特征的理论仍是语言分析中一个基础理论，对于形态变化较少的汉语来说，考察分布特征具有格外重要的意义。分布特征的分析具有普遍意义，各级语言单位都有其分布特征。

---

① 陆俭明：《现代汉语语法研究教程》，北京大学出版社2003年版，第212页。

语气词是汉语中很特殊的一类词，其特殊性主要表现在语气词的句法位置比较单一，语义虚幻。从分布特征角度对语气词的研究一直没有引起相当的重视，原因恐怕与它的特殊性不无关系。例如语气词和其相连成分的关系只是散见于一些论著中，尚无更多的探索。

　　本书根据分布理论，从对外汉语教学的角度，本着科学性与实用性相结合原则，重新梳理和界定语气词"了$_2$"的语义系统，对"了$_2$"的核心语义准确界定，并以此为基础，对其语义变体和相关的结构形式进行系统的描写和阐释；侧重考察语气词"了$_2$"在每种语义变体下的分布状况、隐现规律及其制约因素；探讨语气词"了$_2$"及与其同现的其他成分，如副词、动词、其他语气词等的深层语义、语法关系。力求在语义、语法、语用三个平面上建立起一个能够有效应用于对外汉语教学的"了$_2$"的全方位、系统性的描写体系。

　　（二）认知理论

　　21世纪，认知语言学成为语言研究的重心。认知语言学把语言看作一种认知活动，强调人的经验和认知能力在语言运用和理解中的作用。汉语研究中可以利用其理论和方法解释汉语以前尚未解释的现象，将过去零散的解释研究上升到认知的高度，加以理论化、系统化。

　　沈家煊指出："'有界'（bounded）和'无界'（unbounded）是认知语言学的一对重要的对立范畴。'有界—无界'的对立原本是人类'一般认知机制'（general cognitive mechanism）的一部分，是人类最基本的认知概念之一。人最初从自身的人体认识了什么是有界事物，又按有界和无界的对立来认知外界的事物、动作和形状。所以当人们感知和认识事物时，事物在空间上就有'有界'和'无界'的对立；当人们感知和认识动作时，动作在时间上就有'有界'和'无界'的对立；当人们感知和认识形状时，形状在'量'或程度上也有'有界'和'无界'的对立。人类认知上的这种基本对立必定会在语法结构上有所反映,语法分析的一个任务就是要把这种反映揭示出来。"[1]

汉语中,"有界"性质的词或短语能够使事件或动作具有明确、清楚的实际终止点,如助词"了"、副词"已经"、结果补语成分"完"等。我们认为,"有界"是"了$_2$"的基本性质,它决定了其核心语义与变体,同时也在其隐现规律、与其他句法成分的制约关系中起到至关重要的作用。同时替代成分之间的相互转喻和指代也都与"有界""无界"这对范畴有关。本书围绕该认知理论对上述问题展开了深入探讨。

以认知理论为基础的第二语言教学理论还认为:人不是机器,不能只是由"刺激·反应"去简单地进行重复和模仿,人总要根据实际语境的需要,适宜地、合理地、灵活地表达想要表达的东西,由此使得语言的应用总是带有创造性的能动因素。[2] 从语言自身来看,语言是一种受规则支配的、具有诸多可变因子的复杂体系,不是单一、简单、固定不变的习惯体系。学习语言是一种有意识的、创造性运用的过程。这样就要求人在语言学习过程中,不能单一、孤立地掌握句型、句法表达式,而要对它有认知性的理解,认知性的掌握,从而进行符合认知理据的能动性运用。因此,以认知理论为基础的第二语言教学理论将学习过程与认知过程统一起来,在以下方面给予突出的重视和反映:

1. 对事物类属的认识;
2. 对事物相关的认识;
3. 对事物综合的处理——输入与提取——适合情境的综合

---

[1] 沈家煊:《认知与汉语语法研究》,商务印书馆2006年版,第5页、24页。
[2] 卢福波:《语法教学与认知理念》,见《第八届国际汉语教学讨论会论文选》,高等教育出版社2007年版,第417页。

理解与综合运用。

以认知理论为基础的第二语言学习理论更加符合认知和学习的规律。本书的研究将紧紧围绕以上三个方面进行。"对事物类属的认识"将体现在我们对语气词"了$_2$"的核心语义和语义变体的界定上。"对事物相关的认识"将一方面体现在我们对其语法结构分布状况的研究中;另一方面体现在对"了$_2$"与其同现成分之间制约关系的详尽分析中。"对事物综合的处理""适合情境的综合理解与运用"将体现在结合语境和语体等因素对"了$_2$"隐现规律的探索中。

(三) 语用分析理论

语用学是研究语言运用及其规律的学科,产生于20世纪30年代莫里斯的符号学,是对语言行为和语言行为施行的语境的研究,它所涉及的是语境依存方面的意义。语用学的核心是语用原则,主要有合作原则和礼貌原则。一般来说,语用分析包括话语结构分析、交际过程中的心理结构分析、交际过程中信息结构分析和语气情态分析等。在教学方面具体涉及话题、语用含义、预设、焦点以及语境、交际双方的关系等。[1]

对于"了$_2$"的研究,以往多集中在语义、语法方面的探讨上,但是语法分析的欠缺在于只能提供字面语言信息,不能提供深层的语用信息。所以通过反思学生的错误,我们发现必须强化对"了$_2$"的语用平面的分析,透过句子平面达到会话含义的深层,对与"了$_2$"的隐现规律相关的语用功能、语体性质、语境条件和语用原则等语用平面的制约因素进行考察,才能准确把握"了$_2$"的用法。本书在谈到这些因素时,引入了含意理论和语境理论,都属于语用学的重要

---

[1] 何自然:《语用学概论》,湖南教育出版社1988年版,第4页。

方法论。

(四) 教学语法

赵金铭指出:"第二语言教学的目的,决定了教学语法的特点,它来自理论语法研究,主要侧重对语言现象的描写和对规律、用法的说明,以方便于教学,具有规范性,是一种学校语法。对外汉语教学应该是教学语法,而不是理论语法,是从意义到形式,而不是从形式到意义。不仅是分析的语法,更是组装的语法。不仅是描写的语法,更是讲条件的语法。"[1] 崔希亮专门论述了理论语法与教学语法的接口问题:"为了教学的目的,我们会把专家们发现的语法规则用简单易懂的方式表达出来,甚至图解出来,这就是教学语法。""教学语法讲究面的完整,不十分在乎点的深入。"[2]

我们认为:"了$_2$"是汉语态的标记,既可表示事件的实现,也可表示出现变化或新情况的出现,同时还有"提醒"的语用功能。但是,有了这种理论认识,并不能直接应用于对外汉语教学。换句话说,在教学实践上,第二语言学习者必须全面、清楚地认识"了$_2$"的语法形式、语用条件等具体问题,才能习得"了$_2$"。这就要求我们在教学实践中必须分解"了$_2$"这个抽象的语法项目,"把理论语法抽象出来的东西再具体化,再还原和重现语言事实"[3]。这是理论语法和教学语法接口的第一步。语法项目分解得好,既可完善对"了$_2$"的理论认识,又可直接服务于教学。本书从对外汉语

---

[1] 赵金铭:《对外汉语教学语法与语法教学》,《语言教学与应用》2002年第1期。

[2] 崔希亮:《试论理论语法与教学语法的接口》,见《中国对外汉语教学学会第七届学术研讨会论文集》2001年版,第62页。

[3] 杨寄洲:《对外汉语教学初级语法项目的排序问题》,《语言教学与研究》2000年第3期。

教学的角度出发，探索"了₂"的隐现及分布规律，同时分析与其他相关句法成分的组合规律。论述语言深入浅出，论证过程尽可能结合汉语教学的实例，论证结果都力求以图表形式清晰呈现，目的就是为对外汉语教学提供可操作性较强的科学依据。

立足于结构主义分布理论，体现和结合认知概念，侧重语用分析和理解，努力实现理论语法和教学语法的对接是本书写作的基本出发点。

三　语料来源、研究方法及研究意义

语料来源：

其一，现代汉语语料库 CCL 网络版，北京大学汉语语言学研究中心研制。

其二，北京话口语语料库，由中国人民大学对外汉语语言文化学院北京话口语语料库项目组制作。

除非特别注明，本书中的例句均来自于以上两个语料库。

本书采用的方法包括：语料库统计与分析、义素分析法、替换法、删略法、比较法、层次分析法和转换分析法等。

本书对"了₂"的隐现规律以及分布情况从宏观到微观做出最为详尽的描写。研究必将有助于汉语研究者深化对语气词"了₂"及与其相关的其他语言本体的认识；研究方法会对其他同类虚词研究起到借鉴作用。同时会有助于汉语学习者加深对汉语语法内部结构的了解，更为准确地把握汉语句子的生成规则和使用方法。

四　本书的结构安排

本书共分为八章。第一章介绍"了₂"的多视角研究状况；

第二章从语法意义、语用因素、音节制约、特殊句式四个方面论述"了$_2$"隐现的制约因素；第三章至第八章探讨"了$_2$"在六种不同语义变体中的语义表现、语法形式、句法功能、语用条件、隐现规律，另外还将侧重分析与"了$_2$"相关的同现成分以及它们之间在语义、语法、语用方面的相互制约关系。

第一章 语气词"了₂"的[①]多视角研究综述

句尾语气词"了₂"作为一个汉语中出现频率极高的虚词,是汉语教学、汉语研究的难点和重点。为了系统地研究语气词"了₂"的语义、语法、语用功能,我们收集了近30年来研究语气词"了₂"的论文百余篇,将其进行分类梳理和深入分析,发现学者们从各个不同的角度对这个问题予以关注。他们的研究角度、方法以及研究成果能帮助研究者和学习者全方位地把握语气词"了₂",并且给其他虚词的研究提供很好的借鉴。

第一节 关于"了"的产生和历史演变

一 "了"做动词

要考察句尾"了"的来源离不开动词词尾"了"。大部分学者认为,动词后宾语前的动态助词"了"和句尾语气词"了"是同源的。近代汉语的"了"是从古代表示"终了"意义的"了"来的。《广雅·释诂》:"了,讫也。"[②] 魏晋南北朝

[①] 参见王巍《句尾语气助词"了"研究述评》,《社会科学战线》2009年第10期。

[②] 参见王力《汉语史稿》,中华书局2004年版,第354页。

时期,"了"跟"已""讫""毕""竟"一道可以出现在"动+宾+完成动词"格式中表示动作的完成,如:

> 公留我了矣,明府不能止。(《三国志·蜀·杨洪传》)

到了唐五代时期,"了"取代了其余四个词而在这个格式中占了主导地位。①

二 "了"做助词

"了"字的虚化从中晚唐时开始。据刘坚、江蓝生考证②,中晚唐五代时比较可靠的用例只有几例。如:

> 见了师兄便入来。(《敦煌变文集·难陀出家缘起》)

到宋代,动态助词"了"才开始大量出现;到北宋时,"动+宾+了(完成动词)"格式基本消失。南宋中晚期,另一个动态助词"却"也被"了"取代。

三 "了"做语气词

曹广顺认为语气词"了"的形成过程大致分为:

魏晋前后,表示完成义的动词"了"开始进入"动词+宾语+完成动词"格式。

唐代,是语气词"了"形成的重要阶段。"动+(宾)+了"开始大量使用,有少数这一格式逐渐开始用在句末,证明

---

① 参见齐沪扬《语气词与语气系统》,语文出版社1992年版,第74页。
② 同上。

"了"的结句功能出现在相应的语法位置。而"动+了+宾"和"动+却+宾+了"句式为助词"了"虚化为语气词提供了必要条件。

宋代,这三种句式的普及促使语气词"了"形成。在南宋中晚期,朱熹的语录中出现了"动+了$_1$+宾+了$_2$"这一格式,标志语气词"了"的最终形成。①

四 句尾"了"和词尾"了"不同源

还有部分学者认为句尾"了"和词尾"了"不同源。比如:赵元任(1968)提出句尾的"了"可能来自古汉语的句尾"来",并且这一现象仍然遗留在宁波话中。② 金立鑫2001年也曾调查过宁波奉化(溪口)方言中的句尾"了",证明了这一观点。刘勋宁比较了山西方言和近代汉语里与"也"字有关的一些句式,提出现代汉语句尾语气词"了"来源于近代汉语的句尾"了也"的观点。近代白话中的句尾"也"是申述语气词,当它和句尾"了"融合之后,就成为专门用以申述事实的语气词。今天的句尾"了"的语义就是这合并以后的意义。③

第二节 关于"了$_1$"和"了$_2$"的区别

关于词尾"了"和句尾"了"的分合,历来为学者们所争论。动词"了"虚化后主要有两种分布:句中(动词+了+宾语)和句末(动词+宾语+了)。这两种格式中的"了"一般

---

① 参见齐沪扬《语气词与语气系统》,语文出版社1992年版,第74页。
② 参见金立鑫《"S了"的时体意义及其句法条件》,《语言教学与研究》2003年第2期。
③ 参见刘勋宁《现代汉语句尾"了"的来源》,《方言》1985年第2期。

被称为"了₁"和"了₂"。其他更多的意义都是从这两个格式虚化来的。

对于"了₁"和"了₂"的区分，直接关系到"了₂"的语义性质和语法形式的界定。概括起来共有四种观点。

一 一个"了"

例如：张黎从认知的平面分析，认为出现在各个位置的"了"都具有一个"界变"的共性①。

二 两个"了"

绝大多数学者主张处理为两个"了"。通常解释为："了"有两个，"了₁"用在动词后，主要表示动作的完成，如动词有宾语，"了₁"用在宾语前；"了₂"用在句末，主要肯定事态出现了变化或者即将出现变化，有成句的作用。②

三 三个"了"

王维贤认为根据意义，"了"可以分为三个，分别表示"完成""肯定"和"处置并得到结果"。还提出考虑到"了"在口语中的语音变体，还可分为"了₁(le)""了₂(la)"和"了₃(lou)"。③

四 多个"了"

还有学者将"了₂"细分为多个。以金立鑫为代表，认为

---

① 参见张黎《"界变"论——关于现代汉语"了"及其相关现象》，《汉语学习》2003年第1期。
② 参见吕叔湘《现代汉语八百词》，商务印书馆1999年版，第351页。
③ 参见王维贤《"了"字的补义》，《汉语学习法研究与探索》1991年第5期。

根据句尾"了"的语法性质，可分为动词后的"了$_1$"、具有补语性质的"了$_2$"、句尾表示时体特征的"了$_3$"和纯粹表示语气的"了$_4$"[①]。

总之，主张"分"者是依据"了"出现的句法位置和语法意义的差别将"了"分成多个。主张"合"的人力求共性。我们认为从汉语研究和教学的角度，将"了"根据语法位置分为句中动态助词"了$_1$"和句尾语气词"了$_2$"是较为合理和方便的。（在下面的论述中，如果提到"了"，即指研究者已将"了$_1$"和"了$_2$"合二为一。）

第三节　关于"了$_2$"的语法意义和语法性质

关于"了$_2$"的语法意义，主要有以下几种观点[②]：

第一种：表示变化，一是本来没有这个情况，现在才有；二是本来没有注意或知道这事，现在才注意或知道（丁声树等，1961）。肯定事态出现了变化或即将出现变化（吕叔湘，1980）。表示情况发生了变化（刘月华等，1983）。

第二种：语气词，表示新情况的出现，也可表时态（朱德熙，1982）。"了$_2$"表示的是本句所说的是一个前所未有的新事态（刘勋宁，2002）。

第三种：句末语气词"了"是已然体，表示一种当前相关状态（李讷等，1982）。表示已经如此（胡裕树，1983）。

[①] 参见金立鑫《试论"了"的时体特征》，《语言教学与研究》1998年第1期。

[②] 参见彭小川、周芍《也谈"了$_2$"的语法意义》，《学术交流》2005年第1期。

"了₂"是汉语里的"完成体"。(胡明扬，1995；望月圭子，2000)

第四种：表示情况的逆转（叶步青，2000）。

第五种：表示"起始态"意义（方霁，2001）。

第六种："了₂"是语气词，表感叹语气（卢福波，2002）。

第七种："了₂"是语气词，表示对当前相关事态的肯定的语气（彭小川、周芍，2005）。

关于"了₂"的词性，有很多学者予以关注。一些人对"了₂"的语气词的性质表示质疑。史锡尧认为它除表语气外，又确有表意作用①。贺阳指出"了₂"还是一个完句成分②。陈贤纯在《句末"了"是语气词吗?》中比较了句末语气词"了"与其他语气词的区别，认为用"动态"来解释比用"语气"解释更好理解③。沈开木也认为，考虑到句尾"了₂"与时态"了₁"的密切联系，应视为一个能表示一定意义的特别助词④。

第四节 汉外比较方面的考察

从语言类型学的角度，比较汉语和其他语言的异同，可以有助于研究者从另一个侧面观察本民族语言中的习而不察的语言现象。也能给语言学习者更多的启发和借鉴。

不少学者认为"了₂"是汉语的完成态标记，胡明扬详尽

---

① 参见史锡尧《语气词"了"、"呢"的表意作用》，《汉语学习》1990年第2期。
② 参见贺阳《汉语完句成分初探》，《语言教学与研究》1994年第4期。
③ 参见陈贤纯《句末"了"是语气词吗?》，《语言教学与研究》1979年第1期。
④ 参见沈开木《了₂的探索》，《语言教学与研究》1987年第2期。

地比较了英语和汉语中的完成态。指出两种完成态都有表"某种动作或状态变化过程的完成"等三种相同之处;还指出它们之间的五种区别,如:汉语的完成态没有时制,而英语的完成体是和时制混合在一起的,有过去、现在和将来之分等,并指出外国学生学习"了₂"这一汉语的完成体标记的难点所在。①

赵世开、沈家煊从英汉翻译和"时"(tense)、"体"(aspect)的角度来考察每类"了"字在英语里有哪些表达方式,并做出统计②。

第五节　隐现规律的考察

"了₂"在句尾的隐现情况非常复杂。以往以理论语法为主的研究一般多注重语义的确定和描写,或者侧重某些句法格式的孤立分析,对于"了₂"的隐现规律还缺乏全面系统的考察。现在随着对外汉语教学事业的发展,人工技能和机器翻译的需要,一些学者开始关注对"了₂"的隐现规律的考察,较有代表性的有以下几种。

金立鑫认为"语义第一动力"是指"说话人要表达的语义内容决定了说话人所要生成的语言形式"。根据这条定律,在话语中决定是否使用"了",首先取决于说话人是否要表达"了"的语义。但是现实中大量的例句中,根据语义,"了"应该出现时,却没出现。这证明制约它们出现的机制不仅仅是以语义为第一驱动力。他还根据"了"的不同功能划分出了四个不同的"了",并分别揭示了以"语义为第一动力"来考察

---

① 参见胡明扬《汉语和英语的完成态》,《语言教学与研究》1995年第1期。
② 参见赵世开、沈家煊《汉语"了"字跟英语相应的说法》,《语言研究》1984年第1期。

它们隐现规律的局限性。①

金先生指出了在"了"的研究上"语义第一动力"的局限，为深入研究"了₂"的隐现问题开辟了新思路，让我们不禁开始认真思考导致"了₂"出现的其他推动力究竟是什么。

王光全、柳英绿提出，有时同样的词语可生成"了₁"句，也可以生成"了₂"句，还可以生成"了₁了₂"句。如：

> 那时候她已经做了母亲。
> 那时候她已经做母亲了。
> 那时候她已经做了母亲了。

这些命题相同而情态不同的句子被称为同命题"了"字句。同命题"了"字句内部更重要的差异在语用价值上。从认知范畴的角度，对同命题"了"字句做出如下判断："了₂"和"了₁了₂"句倾向于报事范畴，而"了₁"句倾向于叙事和论事范畴。②

这个研究成果对于我们研究"了₂"的隐现规律很有意义，能够清楚地认识三种同命题"了"字句不同的语用价值，会使我们更容易理解"了₂"的语用功能，并由此发现在"报事范畴"的语用功能引导下"了₂"的出现轨迹。

武果、吕文华试图分析"了₂"的句型场，作者将句子出现的上下文语境称为"句型场"。句型场可分为"句型前场"和"句型后场"。"句型前场"是指中心句型（"了₂"句）前边的语句系列；"句型后场"指中心句型（"了₂"句）后边的

---

① 参见金立鑫《现代汉语"了"研究中"语义第一动力"的局限》，《汉语学习》1999年第5期。

② 参见王光全、柳英绿《同命题"了"字句》，《汉语学习》2006年第3期。

语句系列。当"了₂"句作为句型场的起始句时，它与句型后场的相互联系主要有两种：一是"了₂"句传达某种信息，其句型后场往往是对"了₂"句提示的信息进行反馈。二是"了₂"句提出某个情况提请注意，如事实、现象、观点等，其句型后场则是对此情况的按注、说明或表明由此情况导致的必然后果。当"了₂"句作为句型场的结束句时，它与句型前场有以下的联系：第一类"了₂"句为总结句，对句型前场叙述的情况做出结论，或引发某种感受。第二类"了₂"句为结果句，是其前场叙述的情况所产生的结果。① 该研究试图从"了₂"句在语段中的不同分布及其与句型前场或句型后场的相互联系中来力求揭示"了₂"句在语段中的运用规律。

"了₂"在语段中的运用一直鲜有论述，但是"了₂"的隐现问题却突出地表现在语段表达中，这篇论文所提供的论点以及例证，帮助我们加深了对"了₂"在语段中的出现状况的认识和理解，扩展了研究的视野。

陈忠借助认知心理学中的"有界"和"无界"的概念，探讨"了"（包括"了₁"和"了₂"）的语义实质，指出只注重不同分布中"了"的个性而忽视共性是有破绽的。"实现"与"变化"在本质上有某种共性，而这可以统一到"有界"上来，其本质特征就是"有界"，如果句中出现无界成分，"了"就不能自由、无条件地出现。②

作者重新审视了"了"的语法意义，从认知的角度来看待"了"的隐现问题，具有开创性。其论述较为宏观，侧重于理论的探讨，所以这种结论也很难直接应用于对外汉语教学中。

---

① 参见武果、吕文华《"了₂"句句型场试析》，《世界汉语教学》1998年第2期。
② 参见陈忠《"了"的隐现规律及其成因考察》，《汉语学习》2002年第1期。

把"了₁"和"了₂"的隐现原因归结在一起也过于笼统,实际上在句子和语段的微观层面,句尾"了₂"的隐现问题更为复杂,不能用"有界—无界"一言以盖之。

以上几位学者的研究对我们探讨"了₂"的隐现规律都有非常重要的启示作用。我们还要结合语义、语法、语用等多种因素,从句子内部语境到句子外部语境进行综合考察,得出规律性的结论,形成系统的、更富有说服力的认知体系。

第六节 含"了₂"的句法结构的考察

除了上述对"了₂"的来源、语义等的探究外,学者们还把眼光投向含"了₂"的各种句法结构的研究。副词、形容词、动词等句法单位与"了₂"常同现,它们之间的语义指向和句法关系也值得深入考察。

一 副词与"了₂"

王灿龙研究了否定副词"没有"和"了₂"的同现情况,指出时段状语并不是"没有"和"了₂"共现的必有成分,同时指出该结构就在于表达说话的现时发生了一个由正常态转变为负常态的事件①。陈前瑞考察了"了₂"将来时用法的发展过程及其类型学意义,证明了"了₂"无须时间副词直接表即将发生的用法大致依次出现在"报""催促"等四种语境,该副词由可隐可现发展为无须出现,这是语言发展的主观化的结果。②

---

① 参见王灿龙《关于"没有"跟"了"共现的问题》,《世界汉语教学》2006年第1期。
② 参见陈前瑞《句尾"了"将来时间用法的发展》,《语言教学与研究》2005年第1期。

二 动词与"了₂"

燕燕分类分析了当同现动词是自主动词或者非自主动词时，主语是第一人称或者为非第一人称时，"了₂"的语义变化情况①。王红旗对"别 V 了₂"中动词的特征进行了系统的分类和规律性总结②。

三 名词与"了₂"

邢福义对"NP 了"句式进行考察，讨论了"NP 了"作为复句中的一个分句出现的条件，同时首次指出能进入"NP 了"句式的"NP"都具有推移性③。

四 述补结构与"了₂"

陆俭明指出"VA 了"的歧义的产生是由三个因素决定的，一是"A"的性质；二是"VA 了"中"A"的语义指向；三是"VA 了"中"V"对"A"的制约作用④。杨德峰从标记理论的角度对"动+趋+了"和"动+了+趋"两种结构表达功能和动词的分布情况进行了比较，结论是后者有突出行为动作的作用，而前者没有。趋向动词出现在前一结构中比较自由，但进入后一结构时却受到音节的制约⑤。

---

① 参见燕燕《"了₂"类析》，《汉语学习》2002 年第 3 期。
② 参见王红旗《"别 V 了"的意义是什么——兼论句子格式意义的概括》，《汉语学习》1996 年第 4 期。
③ 参见邢福义《说"NP 了"句式》，《语文研究》1984 年第 3 期。
④ 参见陆俭明《"VA 了"述补结构语义分析》，《汉语学习》1990 年第 1 期。
⑤ 参见杨德峰《"动+趋+了"和"动+了+趋"补议》，《中国语文》2001 年第 4 期。

五 时间词与"了$_2$"

卢英顺论证"这本书我看了三天了"的延续性问题,认为应联系"了$_1$"的完成态特征和"了$_2$"所蕴含的"现在"时间内涵去深入理解①。郑怀德比较"住了三年"和"住了三年了"两种句式的意义和表达语气,并分类比较了这两种结构分别和时间词、某些副词相结合的情况②。孟艳丽对"S+T+没有+V+(O)+了"句式中,时间词的位置、"没有"相应肯定句式的问题和"没有"和"了"共现的原因进行了研究③。

六 "太+形/动"与"了$_2$"

刘元满得出结论:副词"太"表示强调过分时,后边的"了$_2$"可加可不加;表程度高时一定有"了$_2$"呼应。变成否定程度的"太不"时,"了$_2$"可加可不加。变成"不太"时,不能加"了$_2$",否则将表变化④。

七 其他结构

由"了$_2$"作为完句成分构成的其他结构在汉语中也十分常见,如"完了""得了""好了""行了"等。李宗江认为"完了"在汉语口语中已虚化为一个具有篇章连接功能的副词,

---

① 参见卢英顺《试论"这本书我看了三天了"的延续性问题》,《汉语学习》1993年第4期。
② 参见郑怀德《"住了三年"和"住了三年了"》,《中国语文》1980年第2期。
③ 参见孟艳丽《谈"S+T+没(有)+V+(O)+了"句式》,《汉语学习》2006年第1期。
④ 参见刘元满《"太+形/动"与"了"》,《语言教学与研究》1999年第1期。

并探讨了其虚化机制和历程①。彭伶楠描写了"好了"的各种用法和内部结构层次，探讨其分化和虚化的过程和机制②。

第七节 "了₂"的教学与习得

在对外汉语教学中，"教"和"学"是相辅相成的。从"教"的角度，高顺全认为语言点的安排应该在语言点的使用频率和语言点难度的基础上充分考虑到语法化顺序的因素。语法化后"了"的各种用法的比较合理的教学顺序是：可能式结果补语（V得/不了）>动词后完成体>句末完成体（兼表语气意义）>纯语气意义>减类动词后结果补语>持续体③。

李晓琪对"了"的教学问题进行归纳研究，比如：如何区别"她很胖了"和"已经很晚了"，"吃了饭没有？"和"吃饭了没有？"等。主张要深化、细化对"了"的语法意义的理解，才能引导学生正确区分类似结构的不同句型④。

谭春健、赵刚对"NP了""时量+没+VP+了"等句式进行了简明而形象的解释。在此基础上以"NP了"为基础，以"了"的易态标记为指引，在对外汉语教学策略上对相关句式作了系统的编排和操练⑤。

---

① 参见李宗江《说"完了"》，《汉语学习》2004年第5期。
② 参见彭伶楠《"好了"的词化、分化和虚化》，《语言科学》2005年第3期。
③ 参见高顺全《从语法化的角度看语言点的安排——以"了"为例》，《语言教学与研究》2006年第5期。
④ 参见李晓琪《论对外汉语虚词教学》，《世界汉语教学》1998年第3期。
⑤ 参见谭春健、赵刚《"NP+了"的解释及教学策略》，《云南师范大学学报》2005年第1期。

"了"是汉语语法教学"难点中的难点"。① 留学生在"了$_1$""了$_2$"的使用上常常出错。学习者在哪些方面容易出错？是哪些因素干扰了学习者的正确使用？孙德坤（1993）、赵立江（1997）利用个案调查和试卷调查，对留学生在从零起点开始不断向目的语靠近的过程中两个"了"的使用情况进行了更全面、系统的了解，将错误归总为可用可不用，而用；不该用，而用；"了"的位置错误等五种问题。分析了"了"难以掌握的原因之一是受母语负迁移影响；"了"的过度泛化是由于语内干扰，即不了解"了"的性质、用法、使用条件和限制②。这种对于学生习得过程的研究也对"了"的语法教学有较高的参考价值。

　　近30年来，"了$_2$"的研究已取得丰硕成果。在"了$_2$"的语义研究、汉外比较研究和相关句法结构的描写等方面都有了较大的进展。但从另外一方面看，在实际的对外汉语教学中，关于"了$_2$"的使用错误仍层出不穷，对"了$_2$"的解释都还远解决不了学生们面临的各种问题。对"了$_2$"的隐现与分布规律进行较为系统、深入的研究仍十分必要且迫切。

---

　　① 参见吕必松《对外汉语教学概论（讲义）（续十一）》，《世界汉语教学》1995年第1期。
　　② 参见赵立江《留学生"了"的习得过程考察与分析》，《语言教学与研究》1997年第2期。

第二章 "了₂"隐现的条件

"了₂"的使用频率极高，在分布上最大的问题是时隐时现。从事对外汉语教学的教师常常发现：学生在不该用"了₂"的时候用了很多，在该用的时候却没有用。外国学生感到最难把握的是"了₂"变幻莫测的隐现规律。其实，语法手段的隐现不为"了₂"所独有，数词"一"在与量词结合时也以隐匿的形式出现，"买（一）个西瓜""抬（一）张桌子"等。表正在进行时的助词"在"也常隐匿，如"我们（在）吃饭呢"等。还有其他语气词，如"呢""吧"等都会隐匿。可以说，这种不影响语义理解的隐匿是汉语符号体系传递信息的普遍规律。但"了₂"跟上述这些语法单位相比较而言，出现频率高，语义内涵复杂，语用意义虚幻，隐现灵活，所以对"了₂"的隐现规律的研究就尤为值得关注。

"了₂"的隐现规律之所以成为汉语研究一道令人头疼的难题，主要原因在于其不以语义为出现的唯一条件。我们的观点是："了₂"的现与隐是语义、语法、语用、音节四种因素综合作用的结果。单一地只从某一个方面进行探讨和解释是很片面的，正所谓"一叶障目不见森林"，这无法给学习者带来正确的导引。语义的表达需求、语境的提示与制约、语用规则的潜在作用、语体条件的差异、相关句法成分之间的关系以及音节等因素都主宰着"了₂"的隐现与分布。对这些因素进行全面考察将会有效增强"了₂"在教学上的科学性、系统性和可操作性。

第一节 "了₂"隐现的条件之一：语法意义

语法意义决定语法形式。"寻求形式和意义之间的对应关系历来是我们的研究目标。说话人要表达的语义内容决定了说话人所要生成的语言形式。"① 我们认为"了₂"出现的首要制约因素还是说话人的语义表达需求。在话语中是否使用"了₂"，首先取决于说话人是否想表达其所代表的语法意义。这就说明要研究"了₂"的隐现规律首先要揭示"了₂"的核心语义和外延。

在第一章中，我们综述了学者们关于"了₂"的语义的不同观点。我们认为"了₂"的核心语义在于界变，是表状态由非P进入P，或由P进入非P的变化。界就是指言语对象世界中的、具有相对统一性的、均质的意向图示。每个界好像一个画面，这个画面有大有小，有多有少，有动有静，有有限的也有无限的。但在每个界内是同质的，在不同的界面就是异质的。界变就是在不同的界之间的转换。从一个意向图示向另一个意向图示的切换就是界变②。界变可以有很多不同种类的转换。

动作在时序上的界变：指动作在时间的各个点上的推移变化。这种变化可能是动作从未出现到开始，如"我们走了""她跳起来了"。可能是瞬时全部动作的实现，如"灯一下子灭了""她像一阵风一样在我眼前消失了"。可能是动作从开

---

① 金立鑫：《现代汉语"了"研究中"语义第一动力"的局限》，《汉语学习》1999年第5期。

② 参见沈家煊《认知与汉语语法研究》，商务印书馆2006年版，第6页。

始到实现的全过程,如"我们学习了一个小时""她吃了三碗饭"。也可能是动作从开始到继续下去的转变,如"故事就这样流传下来了"。或者是在未来的某个时间将要进入界变状态,如"明年我就要毕业了""快到动物园了"等。

事物或人的性状在时空上的界变:指随着时空变化,事物的状态、数量、性质都在变化。状态上的,如"树绿了""天晴了""春天了"。数量上的,如"四个了""三个月了"。性质上的,如"大学生了""都数码电视机了"等。

人的情态的界变:指人们对某个事物的某种情绪从无到有,或从小到大,从普通到极致,如"她生气了""心情好多了""今天太高兴了"。或者指对某种行为的判断、决策、评价的变化,如"我们不去了(本来打算去,后来放弃)""他们不可能来了(以前认为他们能来,现在这个观点改变了)"。

我们认为,"了$_2$"的核心语义在于界变。上面所说的各种界变在汉语中通常都是由"了$_2$"来做语法标记的。从另一个角度讲,这种变化从广义上指变前项(未加"了$_2$"以前的原句)与变后项(加"了$_2$"以后的句子)之间的差别比较,但体现在不同的分布格式中,其变化所指又是具体的语义差别,如情状、时间、语气等。另外,"了$_2$"出现的前提是事态的客观变化和说话人的主观交际意图的变化。

"只有当发话人根据自己的交际目的,从与话语情景有关的诸多情景中选择某个作为新情况提出时,他就会把这一变化的事态作为交际背景推出"[①],这时"了$_2$"才会出现。所以,"了$_2$"往往是作为述题部分的新知成分出现的。其表变化的核

---

① 武果、吕文华:《"了$_2$"句句型场试析》,《世界汉语教学》1998年第2期。

心语义决定了它与句中其他表时间、动程、状态、程度的表变化的成分（如动词、副词等）极为密切的制约关系。因此，"了₂"的不同语义性质主要反映在它和其他语法成分的组合关系中。如当变前项的核心语义单位为动词时，在变后项中"了₂"常表示动作已经发生，事情整体有了新变化。例如：吃饱——吃饱了；我病——我病了。变前项中的未进行状态，由于"了₂"的加入而变为已发生状态。又如当变前项中核心语义单位为名词、形容词时，"了₂"也可表示主体状态的变化。如：天气冷——天气冷了；春天——春天了。

我们对"了₂"的语义变体和语法形式的分布状况进行了分类分析，如表2-1所示。

表2-1

语义变体	语法形式	例句
1. 表动作实现，并兼表事态变化	1. 动作行为动词+（宾语）+了₂ 2. （表掌握某种技能类）助动词+动词+了₂	1. 我们考完试了。 2. 她会开车了。
2. 表主体状态的变化	1. （部分）形容词+了₂ 2. （部分）名词+了₂ 3. 数量词+了₂ 4. 代词+了₂ 5. （部分）副词+了₂	1. 树绿了。 2. 大学生了。 3. 四个了。 4. 谁了？他了。 5. 差不多了。
3. 提醒听话人事态将要变化	1. 将要义副词/助动词"要"+动词+了₂ 2. 动词+了₂↗ 3. 我（们）+动词+了₂↗ 4. 不要/别+动词+了₂ 5. （表可能、要求、愿望类）助动词+动词+了₂ 6. 不+动词+了₂	1. 火车马上开了。飞机要起飞了。 2. 上课了。↗ 3. 我们走了。↗ 4. 别喊了。 5. 我们该走了。 6. 不去了。
4. 表对原词词义和词性的改变	完/对/好/算/极/得/罢+了₂	1. 完了，我忘了带钥匙了。 2. 就吃一个馒头算了。

续表

语义变体	语法形式	例句
5. 表对原句动作延续时量的改变	1. 动词+（了$_1$）+时量/动量补语+（宾语）+了$_2$ 2. 动词+（了$_1$）+数量定语+宾语+了$_2$ 3. 时间段+否定副词+动词+（宾语）+了$_2$	1. 我在北京生活（了）三年了。我们都去了四次了。 2. 他吃了三碗米饭了。 3. 我一个星期没上课了。
6. 表确定某状态的超常变化，并增加感叹色彩	1. 太+形容词/动词+了$_2$ 2. 最+形容词/动词+了$_2$ 3. 可+形容词/动词+了$_2$	1. 车开得太快了。 2. 这么做最好了。 3. 我可喜欢长城了。

现有两个需要说明的问题，一是由表2-1可见，我们所提出的"了$_2$"的六种语义变体是结合了其所处句式的语义特征的。将"了$_2$"置于每个具体的句式中去考察，而不是孤立地分析其"变化"语义，这不仅是科学的，同时也会更加有利于对外汉语教学。

二是"助动词+动词+了$_2$"这一句式被划分在"了$_2$"的两种语义变体的语法形式中，这是因为助动词的语义特点也制约"了$_2$"的语义表现。"（表掌握某种技能类）助动词+动词+了$_2$"属于第一类，此类中的助动词是"会、能、可以"三个表掌握某种技能的助动词，例句如"会画画了""能跳舞了""可以用汉语写信了"等。此类结构中的动作一般是已经实现的，所以将这一类句式归入第一类中。

而"（表可能、要求、愿望类）助动词+动词+了$_2$"属于第三类，这类中的助动词都是"该、可以、可能、得、会、能、必须"等表可能、要求和愿望的助动词，例句如"他明天会来吗""我们能去""他必须上课了"等。这种句子中的动作都是未发生的，所以"了$_2$"的"变化"语义在此演变为"提醒听话人事态将要变化"。"助动词'要'+动词+了"也同属此类（具体论述参见第五章第一节）。

表中列出的语法意义和语法形式就是"了$_2$"出现的首要条件。但问题接踵而至，我们在大量的句子中发现，具备了"了$_2$"的出现条件，可"了$_2$"却不应该出现，如果出现它，就成了错句。如：

> 昨天我哥哥从美国来北京了，我们去机场接他了，接了他了，我们就去饭店吃饭了。

> 我早上吃完面包去学校了，上了课了，课间休息时打球了，中午回家睡午觉了。

还有金立鑫列举的一个日本学生的一段话也很有代表性：

> 昨天上午他开了车进了城了。他进了城就去书店了。他买了两本书了。他买了书就去看电影了。他看了中国电影了。下午十二点他去饭店吃午饭。他吃了午饭就去游泳了。他游泳游得不错。他游了泳就去花店了。他买了一束花了。下午四点半他到朋友家送花儿。昨天是他朋友的生日。他朋友家有一个舞会，他跟朋友一起跳舞了①。

金先生认为："汉语学界一般认为在'意义'和'形式'两个范畴里，一般总认为意义决定形式。由此可以认为有什么样的语法意义就有什么样的语法形式。即'语义第一动力'——说话人要表达的语义内容决定了说话人所要生成的语

---

① 金立鑫：《现代汉语"了"研究中"语义第一动力"的局限》，《汉语学习》1999年第5期。

言形式。根据语法学家们目前的研究成果来解释，这个学生的作业应该没有问题，所有'了'的使用都符合语法学家们所说的语法意义。但是显然这些话是中国人无法接受的。因此，我们开始怀疑'语义第一动力'的局限，并开始考虑语法形式和语法意义之间的对应研究是否应该拓展得更广泛一些?"语义第一动力的局限究竟在哪里？我们承认，语法意义是"了$_2$"出现的首要条件，但从上面的例句中我们清楚地看到当满足了"了$_2$"出现的语义条件时，说话人还不一定使用"了$_2$"。除了这一基本要素外，一定还有其他因素驱动和制约着"了$_2$"的出现。那么这些因素究竟是什么呢？

第二节 "了$_2$"隐现的条件之二：语用因素

要研究清楚"了$_2$"的隐现规律，除了界定"了$_2$"的语义内涵和语法形式外，更要注重从语用的层面对其进行考察。下面我们分语用功能、语体差异和语境制约三个方面来分别谈谈这个问题。

一 "了$_2$"的语用功能

"了$_2$"独特的语用功能是决定其出现与否的另一个极为重要的因素。本章我们将从语用功能的层面着重比较"了$_1$"与"了$_2$"的不同，阐释"了$_2$"句的语用含义。同时说明"过"与"了$_2$"、"已经"与"了$_2$"的差别。从这些分析中我们可深入理解"了$_2$"的语用功能，进而把握其出现和分布的轨迹。

（一）"了$_1$""了$_2$"不同的语用功能

在第二章第一节我们提到，"了$_1$""了$_2$"这两个"了"在与动词组合后都有相同的语义内核，即：状态的实现。如：

我们家买了₁新汽车。
我们家买新汽车了₂。

当这两句分别删除"了₁"与"了₂"后，其所缺失的表意成分具有共同的基本项：状态的实现（不含"了₂"的其他语义模式）。所以在与动词组合时，在同样有"动作实现"的语义表达需求下，最令人困惑的问题就是究竟何时用"了₁"，何时用"了₂"？还有很多句中"了₁""了₂"共现、互换的例子也令人费解。如：

他被人利用了，扣在南京，结果变成了蒋介石的走狗。
他被人利用了，扣在南京，结果变成蒋介石的走狗了。
他被人利用了，扣在南京，结果变成了蒋介石的走狗了。
"文化大革命"那时，周总理不就提出了这个问题吗？
"文化大革命"那时，周总理不就提出这个问题了吗？
"文化大革命"那时，周总理不就提出了这个问题了吗？
既然选择了这条路，就坚持走下去。
既然选择这条路了，就坚持走下去。
既然选择了这条路了，就坚持走下去。

在以上这些例句中，变前项和变后项的变化似乎并不明显。我们认为，认识这个复杂的问题首先需要了解清楚"了₂"在与动词结合时有几种语义变体。据现有的研究成果，可以肯定的有以下五种：

完成。如：我吃饭了。
变化。如：我现在不想去旅游了。
开始。如：他考上太医就给皇帝看病了。
将要开始。如：我们走了，把门锁好。
动作的时量延续到现在。如：他吃了三个包子了。

除了第一种表"完成"义，动词后有宾语外，其他语义条件下都不存在"了$_1$""了$_2$"可以换用、难以区别的问题。其实在语用平面"了$_1$""了$_2$"的出现具有不同的语用价值。在大多数的句子中，它们并不能互相替换。我们的研究表明：正是由于说话人的行为类型或交际意图决定了其对"了$_1$"或"了$_2$"的选择。这一判断可以从在同一句型条件下，"了$_1$"和"了$_2$"转换后带来的句型前后场及表达意图的变化中得以证明。

当"V 了$_1$O"转换为"VO 了$_2$"时，请看如下例句：

a 我们家搬了新家，还买了彩色电视机。
a′我的家搬新家了，还买彩色电视机了。
b 我没了钱，也没了房子。
b′我没钱了。

a 句的语境为说话人叙述、介绍自家的生活收入情况。替换为 a′后，说话人的实际意图带有了较明显的提醒特征，提醒听话人注意情况的变化。b 与 b′的差别也在于此。

"V+P+了$_1$+O"转换为"V+P+O+了$_2$"，如：

a 书架上摆满了书，你想怎么看就怎么看。
a′书架上摆满书了，下面该干什么了？
b 我终于跑到了运动场，看见老师和同学们在等我。

b′我终于跑到运动场了，累得几乎喘不过气来。

a 与 a′、b 与 b′ 中当"了$_1$"转换为"了$_2$"后由叙介过去的动作转为提醒动作行为的完成，也必然会带来句型后场的转变。

以上两种句型转换前后说话人的交际意图及句型前后场发生了根本改变。这种改变证明：当说话人一般地叙介、描述某一已发生的行为动作时就会选择"了$_1$"。如果说话人意在将已发生的行为动作作为一个新事物提出，来提醒听话人注意事态变化或有一定感叹色彩时，就会选择"了$_2$"来表达。这也是"了$_1$"和"了$_2$"的语用意义的差别。所以在现实交际中，常会出现这样的对话：A："去哪儿了？"B："进了一趟城。"因为发话人常常针对整体事件的情况去发问，因此选择"了$_2$"。而回答者则常需细致地描绘、陈述自己的动作行为细节，所以常选择"了$_1$"来回答。这也从另一侧面证明：因交际意图需要，"了$_1$"句语用的焦点指向动作过程本身、宾语以及宾语或动词的修饰性成分，有叙述描写的特征；而"了$_2$"句则指向整个事件，有提醒听话人注意的语用功能。从语用学的"会话含意"理论①出发，"了$_2$"的存在富含了更多的隐含语义，即"言外之意"。比较"我吃了两个面包"和"我吃两个面包了"这两个句子，第一句倾向于客观地叙述，而第二句则除了陈述以外，结合具体语境，还常含有"我不想再吃了"或者"吃得不少了"等其他隐含义。这一点也能从一个侧面解释为何"了$_2$"比较于"了$_1$"更多地出现在口语交际中的原因。

（二）"了$_1$""了$_2$"的互换问题

研究中，我们发现一个问题："了$_1$""了$_2$"的区分有时很

---

① 何自然：《语用学概论》，湖南教育出版社 1988 年版，第 77 页。

严格，不可互相替换；有时使用很随意，很模糊，可互相替换。既然如此，何时可互换？何时不可互换呢？我们仔细分析一下。

1. 不可互换原则

以上分析证明，在表动作的完成语义时，选择哪个"了"是由语用条件的变化而变化。

"了$_1$"出现的语用条件是在明显的过去时语境中，语体为叙述语体，信息焦点是对动作和动作对象的详尽描述。如：

> a 前年冬天她生了一个女孩儿。（过去时间、叙述）
> b 她于是打了她弟弟好几下。（强调动词、动量补语）
> c 我们那天就这样一口气跑了三里地。（强调宾语、数量定语）

"了$_2$"出现的语用条件是强调最终结果或者事态变化，强调事件的发生对现实的影响，有明显表提醒的语用功能。

所以上面"了$_1$"的例句不能直接转换成"了$_2$"句。如果换成"了$_2$"，必须做出如下改变才能成立（注意画横线部分）：

> a′前年冬天她已经生一个女孩了。今年想再要一个吗？（强调变化、对现实影响）
> b′她都打她弟弟好几下了，你为啥还没完没了地责备他？（强调变化、提醒）
> c′我们已经一口气跑三里地了，还没到终点啊。（强调变化、对现实影响）

改变后的句子比改变前更强调事态的变化，以及对现实的影响，有了较强的提醒色彩。这就证明"了$_1$""了$_2$"是因不同的语用条件而存在的。

2. 互换原则

叙述语段中的完成体常是由"动词+了$_1$"来表达的。我们通过对语料的详细考察发现，某些句子用"了$_1$"来叙述，是无法直接换成"了$_2$"的。如果直接变换，句子的语义就完全变化了，失去了叙述的表达功能。如：

（1）组：
a 妈妈打开了冰箱门，取出了一盒鸡蛋。
a′妈妈打开冰箱门了，取出一盒鸡蛋了。(≠)
b 我们昨晚看了一会儿电视，又喝了一会儿茶。
b′我们昨晚看一会儿电视了，又喝一会儿茶了。(≠)
c 她换了一件干净衣服就出门去了。
c′她换一件干净衣服了就出门去了。(≠)

而在某些句子中"了$_1$""了$_2$"可以直接换用，换后对整个句子的语义表达并没有明显的影响。我们将之称为"了$_1$"、"了$_2$"互换的"模糊效应"。这样的句子在口语中大量存在。如：

（2）组：
a 这个厂子就归宣武区了，后来归北京市了。
a′这个厂子就归了宣武区，后来归北京市了。
b 后来就集中到这市场里头来了，什么万胜啊，桃园啊的都有。
b′后来就集中到了这市场里头来，什么万胜啊，桃园啊的都有。
c 你看我那两个女孩也嫁给汉民了，我那男孩娶的媳妇也是汉民。

c′你看我那两个女孩也嫁给了汉民，我那男孩娶的媳妇也是汉民。

d 两个人吵着吵着就打了起来，谁劝都不听。

d′两个人吵着吵着就打起来了，谁劝都不听。

在实际的语料中，诸如此类的"了$_1$""了$_2$"可以直接替换而不影响语义表达的句子还有很多，甚至混用也为说话人习而不察。其实，这就是由两个"了"在语义上的共通性和它们不同的语用功能存在着交集状态造成的。如图2-1所示：

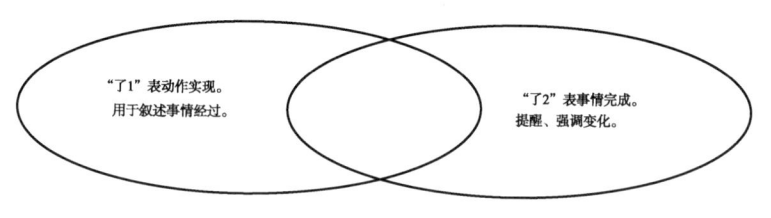

"了1"表动作实现。　　　　　"了2"表事情完成。
用于叙述事情经过。　　　　　提醒、强调变化。

图 2-1

我们先来看看如下两种"交集"：

交集1："了$_1$"叙述事情经过和"了$_2$"提醒变化的语用功能产生交集。

我们通过观察发现，在同样叙述过去时间内发生的事情时，说话人可以有不同的交际意图。如果着重描写动作过程及动作对象情况，就会选择"了$_1$"；如果强调事态变化、提醒、对现实的影响就会选择"了$_2$"。但是因为"了$_1$""了$_2$"毕竟在语义内涵上，即"实现态"上是共通的，事实是很多说话人在叙述时也可选择两种方式：选择"动作实现+叙述经过"，即"了$_1$"，或者"事情完成+提醒变化"，即"了$_2$"。所以它们之间存在着一种语用功能上的"交集"状态。

这些处在交集状态中，可以互相替换的句子常有如下特点：

一是从语义角度看，句子一般不着重描写动作和动作对象的细节，只是叙述过程。不强调动作和宾语的数量，所以在句法上的体现是句子一般不含动词的数量补语和宾语的数量定语。

二是从语境角度来说，句子虽处于叙述事情经过的语段中，但上下文中的动作在时间上联系并不十分紧密，同时后面常有后续小句作为结语。

现在我们再来看看（1）组中的句子为什么不能直接替换呢？a例"妈妈打开了冰箱门，取出了鸡蛋"，这两个"了$_1$"句不能直接替换为"了$_2$"句，原因在于这两个句子侧重描写动作的细节，两个动作连续发生，时间上的联系非常紧密。b例"我们昨晚看了一会儿电视，又喝了一会儿茶"不能替换是因为强调连续发生的动作，而且有动作的时量补语；c例"她换了一件干净衣服就出门去了"不能替换的原因是也是如此。

而（2）组中的句子相比较于（1）组，就可以直接替换。因为说话人在说这些句子时不细致描写动作细节，而只是泛泛地叙述；上下文也不是在描写一组连续发生的动作，前后两个动作在时间上的连接不如 A 组中的句子紧密，这时就有可能选择两种方式，一种是用"了$_1$"叙述动作实现，一种是用"了$_2$"来表事态变化。

我们认为能够替换的这种"模糊效应"是由两个"了"的表完成语义的共通性和说话人在交际意图上的模糊倾向决定的。说话人既没有明显地提示、强调一系列动作及动作对象，也不是在起始句和最终结语句强调事态变化，只是单纯地表达某个动作或事件的完成。所以动作的发生和事件的发生处在交集状态，就出现了"了$_1$"和"了$_2$"使用上的模糊性。

交集2："了$_1$"表强调动作对象（宾语）和"了$_2$"表提

醒的语用功能产生交集。

我们还观察到,在口语的问句中,即便语用重心单纯地指向动词、宾语时也不唯独用"了₁"可以表达。用"了₂",再将宾语加上重音也可以替换"了₁",而且"了₂"表提醒的语用功能恰恰适用于问句的表达需求。我们在《北京大学现代汉语语料库》作了搜索和统计,如表2-2所示:

表2-2

"了₁"	"了₂"
a 你吃了什么？（1）	a′你吃什么了？（4）
b 你去了哪儿？（14）	b′你去哪儿了？（41）
c 你吃了饭没有？（8）	c′你吃饭了没有？（4）

语料调查显示,确实存在"了₁""了₂"在此类句型中换用的语言事实。与此三种句型相似的句型也体现出同样的特征,如:"你们喝了酒没有？""你们喝酒了没有？""你买什么了？""你买了什么？""你们到什么地方了？""你们到了什么地方？"两个"了"在使用上体现出模糊性特征,可见人们有时并不非常严格地区别这两个"了"。此类问话既可从动作完成的角度去询问,也可从事件是否完成的角度去问。因为问句中虽有疑问焦点——宾语,但也需要较强的提醒色彩。"了₁"有强调动作对象（宾语）的语用功能,"了₂"本身虽不强调宾语,但如在宾语处加上重音后,也就有了强调的作用。加之"了₂"本身还有提醒的语用功能,所以以上含"了₁"的问句和含"了₂"的问句在语用意义上就很接近了。这些句子处在"了₁"表强调动作对象（宾语）和"了₂"表提醒的语用功能的交集中。当然我们也会根据实际交际情景的变化来选择不同的表达方式。如当一个人生气愤怒时或者特别想知道答案时可以用"去了哪儿？"或者"去哪儿了？"来提问；当问话人不

关心细节，只是将事件作为一个整体，进行问候式的询问时，就只会用"去哪儿了?"来提问。

(三)"了$_1$""了$_2$"共现

当"了$_1$"表强调动作对象（宾语）和"了$_2$"表提醒事态变化的语用功能构成交集时，除了在以上的问句中存在彼此互换现象外，"了$_1$""了$_2$"还有可能共现。此时动词和宾语组合，既表事情完成，同时也强调宾语，强调事态变化，如：

> 他们哥俩中的其中一个就到了这个地方了。
> 汉族一起义呢，很多回族人就加入了这个队伍了。
> 在那之后吧，他大概20岁吧，就到了天津了。

(四)"了$_2$"句的语用含义

"语用含义是语用学的重要内容之一，它给语言事实提供一些重要的功能性的解释，这就是说它不是从语言系统内部（语音、语法、语义等）去研究语言本身表达的意义，而是根据语境研究话语的真正含义，解释话语的言下之意、弦外之音。"[①] 我们说一句话，总是有一定的背景，同时联系着一定的现实，并实现着一定的目标，正所谓"言有所为"。当"了$_2$"在句中的语义为强调事态变化时，因其表变化的语义内核，所以常联系着"变前"和"变后"两种情景，产生某种对比。在这种对比中，会实现说话人"言有所为"的目标，这个目标就是我们通常所说的"语用含义"或"会话含义"（conversational implicature）。但这不是"了$_2$"的本义，而是语用层面的意义。例如：

语境：一位母亲对自己的孩子进行独立自主的教育。母

---

① 何自然:《语用学概论》，湖南教育出版社1988年版，第74页。

亲说：

> 我头发也白了，眼睛也花了，身体一天不如一天了。没有多少能力照顾你了。

在这组"了₂"句中，"了₂"在其中凸显母亲自身过去和现在状况的对比，即"我以前头发不白、眼睛不花、身体很好，有能力照顾你"，而现在是"我老了，不能照顾你了"。通过强调这种变化，说话人要表达的语用含义是"你得自强自立了"。

并非所有的"了₂"句都有这种语用含义。在口语对话中较为普遍。因为在口语中，人们更愿意隐晦地表达自己的观点，或者间接地表达某种希望和请求。此时用"了₂"句强调某种变化，使听话人自己体会到"言外之意"，一方面会使表达变得更加委婉，另一方面还能通过听话人的反应更好地揣测对方的心理。一旦希望和请求不能实现，也不会因此伤了和气。如：

语境：小伙子暗恋一个姑娘。一起下班时，一同在单位门口。小伙子说：

> 雨大了。

此时，姑娘如果说"我们打一把伞走吧"，这个小伙子通过这句话，起码明白了姑娘并不讨厌自己的心理。那么"雨大了"这种变化带来了一种新的情况的出现，而听话人对于新情况的处理则反映了对说话人的情感和态度。所以"了₂"句通过情况前后的对比变化，来表达说话人的"言外之意"。

而当"了₂"句出现在书面语的叙述语段的开头或结尾处，和动作行为动词结合表动作完成时，则一般没有了这种语用含义。如：

今天妈妈一大早就走了。先买了菜，送了弟弟上学校，然后到单位上班去了。

在这种客观的描写中，没有一个特定的听话人，所有读者都是受众。同时也没有产生语用含义的语境，所以就无"言外之意"可言。

（五）"过"与"了$_2$"的差别

在汉语的助词中，除了"了$_2$"外，还有"过"也是表示动作完成的助词。

1. 它可以用在动词后表示动作完成。如：

第一场已经演过了。
我们已经吃过饭。

2. 也可以出现在动词后，表示过去曾经经历过这样的事情。如：

这本小说我看过。
去北京的事我曾经跟他提起过。

既然在语义上和"了$_2$"具有相通性，学生们就会对如何区分"过"和"了$_2$"感到困惑。我们以下面三个例句来举例说明：

我吃过饺子。
我吃过饺子了。
我吃饺子了。

在这三个句子中，第一个是表示经历过"吃饺子"这件事，具备一些关于"饺子"的知识，如形状、味道、包制过程等，动作不延续到现在。第二个句子由于以上提到的"过"的两个语义而产生歧义，可以有两种理解：一种是"我吃过饺子了"中的"过"就是前面提到的第二种语义，即过去曾经经历过，整句语义上等同于第一个句子"我吃过饺子"，但加上"了$_2$"后增加了与现实的相关性，强调这一经历对于现实的影响，语用意义变化了，言外之意是"这次我就不再吃饺子了，吃点别的"。另一种是"我吃过饺子了"中的"过"可理解为前面提到的第一种语义，即表示动作完成。"了$_2$"也表动作完成，那么整句的意义等同于第三个例句"我吃饺子了"。言外之意就是"我吃饭了，现在不饿"。由此可见，第二个句子的两种语义是需要结合具体语境来判断取舍的。

（六）"已经"与"了$_2$"的差别

在汉语中，时间副词"已经"表示动作、变化完成或达到某种程度。在句中常与"了"（包括"了$_1$"和"了$_2$"）配合使用。"已经"和"了$_2$"还常互相替代。具体来看，它们的差别主要体现在参照时间上的不同。

时间词语在"已经"句中一般是参照时间，表明状态在参照时间之前的某时出现；可在"了$_2$"句中既是参照时间，又是动作实现的时间。

a 昨天五点，我们做完功课了。
a' 昨天五点，我们已经做完功课。

第一个句中，"做完功课"的时间可能就是五点，但在第二个句中，"做完功课"的时间是五点以前的某个时间。

二 语体差异

在语言交际中存在着两种交际状态,一种是说话人的语言是陈述性的,对方只要静静地听就可以了,说话人不要求听话人回应或反馈;另一种是说话人在发出信息后对听话人有所要求,有所期待,希望听话人能够马上积极、主动地回应。前者一般被称之为非交流句,后者被称之为交流句。我们也可据此将语体分为交流语体和非交流语体。交流语体包括:日常口语、相声、影视剧或小说对白等;非交流语体包括:科技、公务、论证语体等。这两种语体最大的差别之一是在语气词的使用上。交流语体使用大量的语气词,非交流语体较少使用语气词。我们统计了 $_2$009 年十一届全国人大二次会议国务院总理温家宝的《政府工作报告》,共 20007 个字,出现了$_1$7 个"了$_1$",但却没有一个语气词"了$_2$"。这是典型的非交流语体。足以证明语气词"了$_2$"多是在要求对方回答或呼应的交流语体中存在的。

根据上面的结论,我们可以假设:在有其语义需求的条件下,口语语体中"了$_2$"就常以显现的形式存在。而在书面语中虽然有同样的语义需求,但有许多"了$_2$"就常变成隐匿的状态了。我们现以《德国银婚族的离婚潮》(《海外文摘》2007 年 10 月版)一文中的四段节选为例进行一下对比分析:

> 在德国,年轻夫妇高离婚率的时代已宣告结束(了),一个老年离婚高涨的时代正在到来。一种新的说法业已出现(了),"25 年之痒"。越来越多的老年人,在结婚 25 年之后,加入了离婚者的行列(了)。
> 玛格特·凯斯曼,一位 65 岁的德国妇女,她的婚姻已经持续了$_2$6 年(了),但它现在走到了尽头(了)。在

德国，年龄和生活阅历已经不能再被看作社会稳定的因素（了）。老年离婚的背后隐藏了众多的原因。

……这种情况下，冲突自然就出现 了。（结束句）

对于选择离婚的老年女性来说，其实最大的问题可能在她们年轻时已经存在 了。……（起始句）

以上的"了"是"了$_1$"。"（了）"是隐匿的"了$_2$"，即：具备"了$_2$"出现的语义条件的，但"了$_2$"并没出现。"了"是具备"了$_2$"出现的语义条件，同时"了$_2$"也已经出现。从中我们不难发现下列规律：

观察"（了）"的句子，都是表动作完成。具备"了$_2$"出现的语义条件的，但并没出现。原因是大部分句子中"已经"取代了"了$_2$"的语义表达作用。而且有"了$_2$"出现的句子，即使具备"了$_2$"出现的语义条件，也并没有出现。这种非交流性语体的特点是严谨、规范，避免语言繁复，简洁明了。之所以较多地出现"了$_2$"隐匿的现象就是由这种语体的性质决定的。在交流语体中常出现的"了$_2$"在非交流语体中就由其他词语代替了。如：

a 车站广播：火车即将进站，请各位旅客凭票乘车。（非交流语体）

a′乘车旅客：快，火车就要进站了，快把票准备好。（交流语体）

b 新闻报道：本市农产品极其丰富，农民收入水平逐年提高。（非交流语体）

b′游客：这个地方农产品太丰富了，农民收入水平一年比一年高了。（交流语体）

c 新闻报道：4 辆给军方供给物资的民用卡车 24 日被非政府武装劫持。（非交流语体）

c′民众：听说没？4 辆给军方供给物资的民用卡车 24 日被非政府武装劫持了。（交流语体）

从对新闻报道、通知等非交流性语体的研究中，我们发现一种回避使用"了$_2$"的倾向。只要不影响读者理解句义，以上这些规避状态是极为常见的。这也更进一步证明由于"了$_2$"的强烈的主观化、提醒性语气特征使得它具有了鲜明的口语化倾向，与严谨、中性、客观的非交流性书面语的要求常常是悖逆的。在对外汉语教学中，我们有必要通过大量实例让学生充分认识到语体差异对"了$_2$"使用的影响。

通过观察"了"的句子，我们不难发现，在非交流语体中，"了$_2$"常存在于语段的起始句或结束句中。如上面的短文中"对于选择离婚的老年女性来说，其实最大的问题很可能在她们年轻时就已经存在了"。此处虽有"已经"，"了$_2$"可隐可现，但是还是出现了。如本文中的另一结束句"这种情况下，冲突自然就出现了"，类似的例句还有很多，可以分为两种情况，当"了$_2$"出现在句型场的第一分句中，后面的句子通常是对第一分句的后果的描述或信息反馈；当"了$_2$"出现在语段的结束句时，该句常为对前面的分句进行总结或解释。武果、吕文华（1998）也曾就此进行过论证。

三 语境制约

"了$_2$"的隐现不仅受制于语法意义及语用功能这两个因素，还受到普遍语用规则的制约。在交际过程中，说话人在发话编码之前，要首先预测自己所说的话对听话人来说，哪些是已知的，哪些是新知。然后断定把哪部分信息安排在话题部分，哪部分作为新知而加以详细描述，即述题部分。如果我们把"了$_2$"的语法意义视为述题的新知部分或虽已知但要着重强调的部分时，那么"了$_2$"就必须出现。如果在一定的语境中或者有其他句内成分的提示，"了$_2$"的语义变成已知，又非焦点信息时，就不必出现。如：

> 后来我又土改去（了），被选上了西城区政府委员，从那时开始每月有50斤小米补助（了），这个家生活就没问题了。

按照语义表达的要求，括号中的两个"了$_2$"是可以出现的。但是在实际语料中却没有出现，因为第一个分句中时间词"后来"和趋向补语"去"将过去时间和动作的实现提示得已足够充分，"了$_2$"的实现态语义因为句内语境因素而变成已知。而且"选上了"中的"了$_1$"是动补结构的一部分；考虑到连续使用"了"会导致语言上的重复，所以第一个分句就隐去了"了$_2$"。这当然是说话时一种自然的筛选过程。"从那月开始每个月有50斤小米补助"后可以出现但没有出现"了$_2$"，因为这个句子中的"开始"表明了变化的语义，所以无须再出现"了$_2$"，只作为一般陈述。"了$_2$"又出现在语段的最后一个分句来说明整体情况的变化，是焦点信息，而这也是"了$_2$"在语段中最常出现的位置，在此句中因为没有其他成分能提示"变化"的语义，所以也是必须出现的。再如：

> 警察敲门，没人响应。他们就把门踢开（了），一下冲了进去，将十余个盗贼全部抓获（了）。凯旋而归（了）。

这个语段中，有三处均可出现"了₂"，但并未出现。根本原因在于其实现体的语义功能已被其他成分替代，如"踢开、抓获、凯旋而归"都是能表示动作最终结果的动词或动补结构。

从上面两个语段的分析可以看出，"了₂"隐匿的关键在于其语义是否处于已知状态。是何种因素能使"了₂"的语义成为已知状态呢？一是汉语中除了"了₂"具有"动作实现"的时体功能外，句中的某些表示时间的副词状语、动词、动态助词"了₁"以及补语等也都有提示此种时体意义的作用。这也是汉语和英语的句子时相结构的重要区别。另外表"变化"的语义可由"开始""越来越"等其他很多词语来代替，这就是"了₂"隐匿的句内条件。二是在语段中间前后分句的时体功能表达制约着整个语段，促使其中的某些分句中"了₂"不再出现。我们称之为促使"了₂"隐匿的句外语境条件。（注：本书中所提及的语段包括复句。）

上一节中我们提到，避免语言的繁复是致使"了₂"隐匿的一个基本语用原则。实际上这一语用原则限制了"了₂"（也包括"了₁"）的泛化使用，但是并非强制性地使其全部隐匿。这种语用原则的制约从另一方面讲也是弹性的，灵活的。在语段中句子较少时，"了₂"的隐现还是自由的。如上面这两段例句中，我们再把原本隐匿的"了₂"重新添加上去一个或者两个，如下面的"了"所例示，是完全可以的。

　　a' 后来我又土改去了，被选上了西城区政府委员，从那时开始每月有50斤小米补助，这个家生活就没问题了。

　　b' 警察敲门，没人响应。他们就把门踢开了，一下冲了进去，将十余个盗贼全部抓获了。凯旋而归。

由此可见，节约的语用原则限制着"了$_2$"的泛化，句外语境和句内语境给"了$_2$"的隐匿提供了条件，表"提醒"的语用功能对"了$_2$"必须出现的位置予以提示。对这四个因素的把握，是在语段中准确使用"了$_2$"的前提条件。当一个语段中分句很多，根据语义可出现很多个"了$_2$"时，节约的语用原则开始发挥作用，必须强制某些不处在焦点信息的句子中的"了$_2$"隐匿；当一个语段只有两个或三个分句，此时语用原则的限制强度比较低，"了$_2$"的隐现更为自由。

下面我们结合对句外语境和句内语境的分析来深入探讨一下这个问题。

（一）句外语境

1. 引起"了$_2$"隐匿的句外语境条件

语境，英文写作"context"，是语言学中的一个重要概念。一般认为语境就是语言的使用环境，指上下文以及说话时的情境。语法学引进语境概念，不是要研究语境的所有问题，而是只研究与语法现象有关的语境问题，通过对语境的描写和阐释，说明和解释句法、语义、语用平面的语法现象，使语法研究更加全面，更加合理，更加科学，更加实用。基于上述认识，我们认为语境主要指交际时的主观环境和客观环境。主观环境是指说话人和听话人的身份、思想、性格、职业、修养、心情等因素。客观环境是指说话的时间、地点、场合、对象等客观因素。

上下文语境跟句法的关系主要表现在有些语法现象要通过上下文来确定、理解和解释，也就是说上下文语境起到一定的语法作用。特别是对汉语这种缺少严格意义的形态变化的语言，不能像西方语言那样通过形态变化来确定句法、语义关系，语境在汉语中就起到更为重要的作用。

以往的研究证明，语气词"了$_2$"出现的条件是说话人有较强烈的阐述事件结果或变化的语义表达意向。"了$_1$"出现在一个叙述性特征很典型的语境中（参见王光全、柳英绿，2006）。如果一个语段中所讲述的事件或动作从读者的角度讲是典型的"完成体"，但这在文章的整体语境中一览无余，而且当表达焦点是对连续动作过程的描写，动作的完成不是焦点信息时，这种描写语气就会变得简洁、紧凑，"了$_1$"和"了$_2$"所要表达的语义处在既是已知又非焦点的位置，则可自由隐现。我们试比较下面在同一篇微型小说《饭票》中的三组句子：

（1）含"了$_2$"句
这时，门突然被推开了。（起始句）
纪检部长说完出去了。（结语句）
海子知道自己已经不可能有饭票了。（结语句）
（2）"了$_1$"自由隐现句
再回到（了）宿舍，把碗放到（了）碗架上，海子整理床铺。
海子抹（了）抹额头上的虚汗，摸（了）下脸上的几粒饭粒儿到嘴里，他扭（了）几下手臂，感觉似乎又有劲了。
他晚上八点从后勤处领回（了）床上用品，铺好（了）被褥，躺在（了）那张早已贴了海子名字的床上。
（3）"了$_2$"自由隐现句
他就开始扫地（了），扫完地后用拖把仔细拖起来。
会议结束（了），其他人都退场了。
昨天去找他（了），他不在。

（1）组中的句子都是起始句或结语句，明显地表示提醒事

情的结果或变化,所以"了₂"在其中既是新知又是焦点,都是必现的。(2)和(3)组中的句子具备的特点是:

a. 事情的实现或变化状态已由上下文语境提示出来,成为"已知"。

b. 虽然都是过去时、实现态,但表达重点是描写当下正在进行的连续动作。

c. 该句处在连续叙述的复句或语段中的一个环节,在语义关系上和后一分句有紧密的并列关系或承接关系。而且有后续小句说明事情的结果。

d. 该句不处在表示强调、提醒整体事态变化的焦点信息上。

所以除去其他制约要素不说,单从句外语境的角度考虑,在此四种条件下,"了₂"就是可以隐匿的。反之就是必现的。但如果没有这种上下文语境的制约要素时,当这些句子单独出现时则一般还需要"了₂"才能使句子成立。

很多句子在单独出现时,如果没有"了₂"就不能成句。但是在叙述的语段中,依赖其他分句和整体语境的时体功能就可以使"了₂"隐匿。试比较下面两组句子:

a 同学把饭给他买回来了。

a' 同学把饭给他买回来,让他赶快吃。(叙述语体、语段中)

b 他晚自习后回宿舍了。

b' 晚自习后回宿舍,海子又到盥洗室接自来水喝了。(叙述语体、语段中)

这两组句子中的第一个句子都是单句,如果没有"了₂"就不能独立成立,但是当这些句子是语段中的一个分句,而且有后续句时,"了₂"就可以隐匿了,这时时态靠上下文语境或句中其他成分来判断。

2. 错例分析

结合以上论述,我们再来分析一下金立鑫先生(1999)的日本学生的错例:

> 昨天上午他开了车进了城了。他进了城就去书店了。他买了两本书了。他买了书就去看电影了。他看了中国电影了。下午十二点他去饭店吃午饭。他吃了午饭就去游泳了。他游泳游得不错。他游了泳就去花店(了)。他买了一束花了。下午四点半他到朋友家送花儿。昨天是他朋友的生日。他朋友家有一个舞会,他跟朋友一起跳舞了。

该段的第一句是连动句。整个语段其实就是一个连动的结构。这些句子都存在着一样的问题,即:虽然在语义、语法层面上讲,这些"了"的出现没有问题,但在语用原则上讲是违反语言的节约原则的。因为这个语段中,时态是已知的,叙述和介绍的动作是连动的,就无须出现如此多的"了"去表达时态。语段中我们画出的阴影部分"了"都是应该去掉的羡余成分。我们先来看看第一句中的"了",可以看出这两个画横线的"了₁",在"开车"和"进城"这两个动词词组中间,句子是表过去时的连动句。当这些句子作为单句出现时,"了₁"出现在三个位置上,句子都可成立。即:

第一个动词后:
他开了车进城了。

第二个动词后：
他开车进了城了。
第一个动词后，第二个动词后：
他开了车进了城了。

从语法上讲这三个句子没有问题，但是从语用原则上讲，只保留一个句尾"了"即可表动作的已实现，同时兼表事态变化。同类的句子还有：

我们拿钱去买衣服了。
我们打开门进屋了。
他们进教室上课了。

在这些连动句中，第一个动作"拿钱""打开门""进教室""开车"都是后面第二个动作"去买衣服""进屋""上课""进城"的实现手段。换言之，第二个动作是第一个的目标。动词1和动词2的关系是非常紧密的。都不需要在句中再加入"了$_1$"，一个句尾语气词"了$_2$"的出现就能够起到同样的表意作用。

我们在前边总结的"了$_2$"在语段中四个不必现的语用条件（参见上一节），该语段中"他进了城就去书店了；他买了两本书了；他买了书就去看电影了；他看了中国电影了；他吃了午饭就去游泳了"这五个句子均符合。"了$_2$"都是不必出现的。

而正像我们前边说过的，在一个语段的首句和尾句，"了$_2$"句如有提醒关注新信息的作用，是表达焦点，"了$_2$"的"提醒"的语用功能在发挥作用，一般就必须出现。即"他开车进城了"和"他跟朋友一起跳舞了"这两个句子中，"了$_2$"

句表示整个事件动程的开始和终结，而且强调提醒事态的变化，所以必须出现。

值得探讨的是"他游了泳就去花店（了）"，我们之所以把这个"了$_2$"放进括号里，是因为这个"了$_2$"是特别的，可隐可现的。说它可隐，是因为它符合上面的隐匿条件。说它可现，是因为这句话处在这个连动结构中间，在这句之前太多的同一结构的连动叙述已经让读者对事态的进展和变化感到木然，所以在这个语段中间需要提醒一下事态的"变化"。在语用平面上，"了$_2$"的提醒听话人注意事态变化的语用功能此时就可以发挥此作用。

上面的分析也证明了单一的连动句和连动的语段在"了"的使用上所依据的语用原则都是一致的。

这篇短文之所以出现"了"的泛化使用，还有句内成分使用不当的关系。如"他吃了午饭就去游泳"，"他游了泳就去买花"，"了$_1$"的过度使用使语言变得臃肿繁复，可以用"完"这样的词来替换。

这个日本留学生的表达错误在于没有把握好"了$_1$"和"了$_2$"使用的语用原则，没有做到节约，只是泛化。他对"了"的使用只掌握了语义需求的第一要素，没把握好语用原则、句外语境以及语用功能这三个因素。

单句中，动词的动程从始至终受到重视，需要描写清楚。当叙述处于一个连动的状态时，中间的每个动作过程不再是一条条时间上的线，而是从总体上只被视为一个个点，每一个动作的完成不再被关注，整个连动语段的开始、中间的停歇、结局或话题的转移才有可能因为强调变化而有可能使用"了$_2$"。这个时候即使任何动作看起来都已完成，但并不需要"了$_2$"，所以就出现了在语段中大量的"了$_2$"的隐匿现象。有很多在单句中不可能离开"了$_2$"的动词在语段中都有可能和它脱离。如：

> a 他爸爸病。×
> a' 他爸爸病（了），哥哥也病（了），好好一个家最后散了。√
> b 我们昨天先吃饭。×
> b' 我们昨天先吃饭（了），然后做作业（了），最后还看了一会儿电视。√

另外，还有两种类似的"了$_2$"自由隐现的句子也是由句外语境制约的。一是在同一形式的动补或动宾结构的排比小句中，处于前一分句中的"了$_2$"可隐可现。如：

> 粥喝得多（了），喝得久了，自然就有了感情。
> 孩子长得快（了）长得胖了，衣服就都穿不了了。
> 你们知道他的文（了），更知道他的人了。
> 我批评马庆（了），也批评周亮了。

二是分句与分句都是并列、平等的对举关系，每个分句后的"了$_2$"可隐可现。如：

> a 房倒（了），屋塌（了），人也都走散了。
> b 鸟死（了），兔亡（了），爸爸去世后，这些宠物也都陆续跟随主人去了。
> c 草儿绿（了），花儿开（了），春天来了。
> d 我们昨天读课文（了），今天又背单词（了），都在努力学习英语呀。
> e 高原冬日的太阳并不高，蓝天变白（了），黄草照

白（了），雪地表面也微微融化了。

3. 动词特征、句外语境与"了₂"的隐现三者之间的关系

在不同音节、不同语义特征的动词后，"了₂"能否隐匿，与句外语境的关系很密切。一般说来，"了₂"在持续义动词和单音节结果义动词后，很难隐匿，如果隐匿，对句外语境的条件要求很高。在叙述的语段中，从分句之间的语义关系上看，单音节结果义动词要求分句之间必须是并列的，持续义动词要求这种关系是并列或者承接的。此外，在时间关系上都应是连续的，且有后续小句说明动作的结果。此时这两种动词后的"了₂"才可以自由隐现，如上述例句中的a、b、d句。当语段中的各个分句的条件关系改变后，分句之间不再是连续、平等的关系，也非简单的时间顺序上的叠加时，而且前一个分句的结果正好和后一分句构成某种因果、条件等复句关系，或者话题上有一个较大的转换时，这时单音节结果义动词和持续义动词要表示完成，如果还没有补语等成分的辅助，就必须依赖"了₂"。否则不能成立，如：

a 既然老师修改作业，怎么还有这么多问题没发现？× （双音节持续义动词）

b 昨天小红学，所以今天听写考得这么好。× （单音节持续义动词）

c 我们把这网页删，是因为内容不健康嘛。× （单音节结果义动词）

相对而言，当动词为双音节结果义动词或者动词后有结果补语时，"了₂"的隐匿更为自由，对分句之间的关系就没有如此严格的要求。所以上面的三个例句除了动词后加上"了₂"外，

还可以做出如下改变，句子也能成立。如：

a' 既然老师修改完作业（了），怎么还有这么多问题没发现？√（双音节持续义动词+结果补语）
b' 昨天小红学<u>到很晚</u>（了），所以今天听写考得这么好。√（单音节持续义动词+结果补语）
c' 我们把这网页删<u>除</u>（了），是因为内容不健康嘛。√（双音节结果义动词）

句外语境因素除了指上下文外，还应当包括说话人当时所处的现实语境。在每种语义变体下，隐现与否和上下文语境有关，也和当时的真实环境有关。如："他要走了"和"他要走"这两个句子，在警察抓小偷时，警察发现小偷要逃跑，急促地对同伴说"快，他要走"，不必加"了$_2$"，因为"要走"本身也是一个未知信息，"了$_2$"只是辅助变化，起加强作用。但是如果在一般语境中，可能会说"他要走了，我们去送送他吧"表达一种对变化的感慨，是要有"了$_2$"的。

在第二章第一节中我们列出的"了$_2$"的六种语义变体中，除了出现在"太+形容词/动词+了"（表赞扬和满意）、"可+形容词/动词+了"、"完了/对了/好了/算了/极了/罢了"这四种句式中的"了$_2$"在任何时候都是必现的以外，其他的"了$_2$"处在特定的语境里，都可隐可现。所以说，对"了$_2$"的隐现规律的研究时刻离不开对句外语境的考察。

当然这里我们只侧重谈了句外语境，但如果只是这个因素，并不构成"了$_2$"隐现的充分条件。下面我们来看看在句子内部能够促成"了$_2$"隐匿的具体因素。

(二) 句内语境

我们在上一章论述了在叙述连续的动作或排比、对举的语段中，动词后都可能出现"了$_2$"隐匿的情况。但是各类动词在和"了$_2$"组合时，"了$_2$"隐匿的频率却很不同，这是和动词的语义性质有关的（我们将在第三章对此问题进行深入探讨）。如就单音节动词来说，如果表示完成义时，除非在排比、对举的复句或语段中，一般都必须强制出现"了$_2$"。我们不能说：

a 他们家毁，真令人痛心。×

而只能说：

b 他们家毁，人亡，真令人痛心。√

为什么呢？因为按照我们的解释，b 中"家毁"和"人亡"是一个连动和对举的状态，所以"毁"字后面的"了"字是可以不出现的；而 a 中不是，没有"人亡"和"家毁"相对应，所以"毁"后必须同现"了"才能成立。但是如果我们在第一个句子中的"毁"这个动词后加上一个补语成分，情况就立刻就会变得不同。如：

家毁在这个败家子手上（了），真令人痛心。√

这个结果补语"在这个败家子手上"的出现使得"了$_2$"可以自由隐现，给"了$_2$"的隐匿提供了条件。我们在第一章讲述"了$_2$"的语义时曾提到：句中其他成分如谓语动词、副词、状语、补语都可能与"了$_2$"有某种语义、语法上的制约关系，对"了$_2$"的隐现产生影响。这就是所谓的"句内语境"。我们试以另一个动词"变"为例来进行考察。如：

他变。×

他变了。√（单句）

他变（了），你变（了），我也变（了），大家都变了。√（排比复句）

他居然变成这副德行（了），谁能预料到呢？√（结果义动词+宾语）

他在这新岗位上已经变坏（了），谁还能相信他？√（状语+动词+结果补语）

他变得一无所有（了）。√（动词+结果义程度补语）

在这五个句子中，我们发现：当谓语为"变"这样一个单音节动词时，如果想表达"实现义"，"了$_2$"的出现就是强制性的，除非在排比型复句中。如果句中出现了结果义动词、副词状语"已经"、结果补语、结果义程度补语这些成分时，"了$_2$"即使不出现，句子也成立。根本原因在于：当句中其他成分含有的表示结果的语义要素可使"了$_2$"的"实现态"和"变化义"成为已知时，"了$_2$"就可自由隐现。

在探讨"了$_2$"与其他同现成分的关系前，首先谈谈认知学中"有界"与"无界"的二元对立。沈家煊曾说过："时间是连续无界的，但人们总是用特定单位将其切分为离散、有界的量化物。在语言中'有界'和'无界'的对立可以构成时体、数量等形式上的对立（如可数/不可数等），并且对于某些句法形式起着一定的制约作用。"[①] 他还指出"了"的语法功能能使无界概念变成有界概念，能使无自然终点的动作变为有自然终点，如由"吃饭"变为"吃饭了"或"吃了饭"。

既然如此，"了$_2$"在"动词+了$_2$"中的"实现态"语义

---

① 沈家煊：《认知与汉语语法研究》，商务印书馆2006年版，第7页。

和我们现在提到的"有界"是什么关系呢？这两种解释有无共性呢？我们认为："实现"是"变化"的一种，是动作从无到有的变化。它们在本质上都属于"界变"的范畴。以前学者们往往将"了"按照很多曲折语的形态标记来将"了$_2$"界定为某种"时"或者"体"，但是这不符合"了$_2$"在汉语中的诸多个性特征和句法形式，"过去时""完成体"的解释都不能使研究者在"了$_2$"的隐现规律方面得到最大限度的合理解释。其实，从认知角度讲"了$_2$"的"完成""变化""实现"都是"有界"的转指。"了$_2$"的本质就在于"有界"。"有界"的事物和"有界"的动作之间是相通的；"无界"的事物和"无界"的动作是相匹配的。根据这个匹配原则和语料的实际情况，我们再来考察其与同现成分的关系发现：那些"有界"性质的同现成分较高频率地与"了$_2$"同现，如"已经、早就、早已"等终结意义副词或者"消灭、达到、粉碎、占领"等结果义动词就常与"了$_2$"同现。而时间名词"每天"和时间副词"常常、一直"等因具有"无界"性质，就不能与"了$_2$"自由同现，需要加以限制才可成立。"了$_2$"的"有界"本质在语义的深层次上制约着"了$_2$"的隐现以及与其同现单位的匹配关系。下面我们从认知语言学"转喻"的视角再来深入探讨一下这个问题。

认知语言学的一个基本理论之一是转喻（conceptonl metonymy）。转喻在传统的修辞学上被称为"借代"，但现代认知语言学认为转喻和隐喻一样是人类认知的重要手段。下面是不同学者关于转喻的解释[①]：

---

① 吴为善：《认知语言学与汉语研究》，复旦大学出版社2011年版，第151页。

> Lakoff & Turner：转喻主要指一种指代功能，它允许我们用一种实体代替另一种实体。
>
> Barcelona：转喻是从一个概念域，即源域，向另一个概念域，即目标域的映射。源域与目标域是同一功能域，它们之间的语用功能使目标域在心理上被激活。

沈家煊认为，转喻不仅仅是一种语言现象，也是人们思维和行动的方式。转喻是不可预测的，多变的，但却是有据可依的。这种转喻同时也必须符合"转喻的认知模型"，即：

> 在某种语境下，为了某种目的，需要指称一个目标"B"。概念 A 指代 B，A 和 B 须同在一个"认知框架"内。在同一"认知框架"内，A 和 B 密切相关，由于 A 的激活，B（一般只有 B）会被附带激活。A 附带激活 B，A 在认知上的"显著度"必定等于或高于 B。[1]

这其中提到的所谓"认知框架"是人根据经验建立的概念与概念之间的相对固定的关联模式。显著（salience）是知觉心理学的一个基本概念，显著的事物是容易吸引人注意的事物，是容易识别、处理和记忆的事物。用显著的东西来转喻不显著的东西是人类认知的一般规律。

关于转喻的生成机制，Barcelona（2002：230-231）还指出：转喻的生成还受到人们的认知原则、交际原则及社会、文化、美学等因素的制约[2]。

沈家煊还指出：语言中的转指现象就是一种语法转喻，是

---

[1] 沈家煊：《认知与汉语语法研究》，商务印书馆 2006 年版，第 33 页。
[2] 吴为善：《认知语言学与汉语研究》，复旦大学出版社 2011 年版，第 153 页。

转喻这种认知方式在语法上的体现。可称之为"语法转喻"（grammatical metonymy）①。比如：汉语中经常用"体词/谓词+的"这种"的"字结构来转指某类人或事物，比如"研究原子弹的不如卖鸡蛋的"这个句子中"研究原子弹的"和"卖鸡蛋的"分别转指了"脑力劳动者"与"体力劳动者"。这种转喻受到社会约定俗成的认知原则的制约。如果将"研究原子弹的"和"卖鸡蛋的"被设定为 A 的话，那么"脑力劳动者"与"体力劳动者"就是概念 B。按照上面的理论，A 与 B 在同一认知框架内，A 附带激活 B，A 在认知上的"显著度"必定等于或高于 B。显然 A 是更容易被关注和被记忆的。转喻也体现了语言使用上避免繁复的"经济原则"，同时也会产生更形象、生动的语言美学效果。

　　同理，本书认为：汉语中"了₂"即使在有语义表达需求的前提下也不必现，是因为受到"语法转喻"规则的制约。

　　由于"了₂"表实现的基本语义决定了它与句中其他表动作时间、动程、状态、程度等成分极密切的组合制约关系。如：动词、状语、补语等，在研究中，我们发现如果这些成分和"了₂"在意义上具有较强的相似性，由于"语法转喻"的作用，表达"完成"或"实现"语义时它们就会代替"了₂"，使其无须出现，处于隐匿状态。常常用来转指"了₂"的成分必然具有与其同样的语义特征，如："已经"类副词、"完、尽、开"等结果补语、"起来、下去"等复合趋向补语。而且这些转指成分对"实现义"的表达更加具体，生动，其转喻的显著度是等于或高于"了₂"的。较为普遍的转指成分有以下几种：

　　1. 双音节动词前有"已经、已、早已、终于"类表完成

---

① 沈家煊：《认知与汉语语法研究》，商务印书馆 2006 年版，第 32 页。

义的副词。如：

> 其实他早已破产。
> 昨晚发生的事，我已经知道。
> 由于消防队的奋力扑救，大火终于被扑灭。

起始义动词和结果义动词常与"已经"类副词结合来转指"了$_2$"。起始义动词如"离开、开始、举行、开动"等。结果义动词如"摆脱、牺牲、分裂、到达、拆除、毕业"等。但是着重描述动作过程而非交代结果的动词不适于此类情况，如"谈话、学习、咳嗽、劳动、张望、尊敬、整理、追求、管理"等。因为这些动词本身的"无界"性特征和"了$_2$"的"有界"性特征相冲突，需要加上某些时量成分或"结果义"补语等的限制才可和"已经"类副词一起转指"了$_2$"。如：

> 我们已经整理完皮箱。（加结果补语"完"）
> 他已经张望了半天。（加"了$_1$"和时量补语"半天"）
> 她早已考察好周围的地形。（加结果补语"好"）

但如果动词为单音节，就仍必须加上"了$_2$"以补足音节。如：

> a 他爸爸已经去世。√
> a' 他爸爸已经死。×
> b 他们今儿一大早就走了。√
> b' 他们今儿一大早就走。×

值得注意的是，副词"都"虽有"已经"之意，但如出现在单句中，"了$_2$"一般还是必须同现的。如我们可以说"他已经破产"，可以说"他都破产了"，但不可说"他都破产"。

2. "动词+复合趋向补语/结果补语"在上下文语境条件的配合下，常可转指"了$_2$"，导致其隐匿。如："起来、进来、下来、下去、上来、给、到"等。

很多人就来到这个村，这里就慢慢发展起来。
连长说完这番话，就把书包交给小张。
昨天我们发扬一不怕苦二不怕累的精神，一口气工作到半夜十二点。

其中，结果补语的类型除了"给小张""到半夜十二点"等动宾结构外，还有很多是表结果义的形容词或动词，如："空、完、尽、透、好、掉"等。例句如：

他妈妈把早饭准备好，等他放学回来。
天边的最后一抹晚霞也渐渐消失尽，人们才收工回家。
问题被他解决掉，心情就好转很多了。

3. 句子处在语段中的前一分句中，句中如含有"了$_1$"，可以转指"了$_2$"。如：

他们卖了房子，这回就有钱还你们了。
你都输了钱，还要再去赌？
他吃了苹果，现在应该不会饿了。

4. 句中有明确的过去时时间词,"动词+宾语"成分有明显的结果义。如:

> 他 1927 年晋升为师长。
> 我 1994 年大学毕业。

5. 当"过"表示"曾经经历"时,通常可以转指"了$_2$",如:

> 那个地方他去过两次。
> 他为了看这个病,看过好多医生。

6. 在动词的补语或宾语的定语中含有"这么、那么、如此、这样、那样"等特指代词,一般还需要其他分句配合。

> 你们一口气爬这么高,真够累的。
> 你买那么多衣服,不怕被你妈骂呀。

当动词后出现"这么"等特指代词时,语义重心变成"这么"等特指代词修饰的成分,如"高、多、难听"等,而且动词加上这些成分后,使动作已发生这一信息成为已知,所以可转指"了$_2$"。

7. 动词的习惯用语。动词一般会有一些固定形式的惯用语,有很多可以代替"了$_2$"来表达"实现"语义。现我们以动词"哭"为例来分析一下,如:

> 远嫁大庆的女儿悄然登上了接亲车,何学忠的爱人忍不住哭起来。

孩子受了委屈，抱着李玉敏失声痛哭。

我情感闸门骤然被打开，和罗志强抱头痛哭。

他儿子一只手端着父亲的遗像，哭成了一个泪人。

传来了爷爷去世的噩耗，她当时便哭晕了过去。

盐场的职工讲着讲着就哭出了声。

咳声惊醒了早已熟睡的亲人，儿女们见此都哭了。

"哭"是一个具有持续义的动词，这些例句中只有第七句中句尾"了$_2$"出现了，从第一句到第六句都是用了其他的表达方式来表动作的实现，除了两个固定搭配的短语"失声痛哭、抱头痛哭"以外，其余四个都是补语成分，即："哭起来、哭成了一个泪人、哭晕了过去、哭出了声"。这也体现了汉语表达的丰富性。只有最后一个例句因为前边只有一个表范围的副词状语"都"，没有其他表示结果的成分，所以"了"是必现的。

通过上面的例析，我们也不难看出：这些句法成分究竟如何转指"了$_2$"与动词的语义特征有关，也常需要上下文语境对于过去时态予以提示，同时还受到了音节条件的制约。

8. 当"了$_2$"不表完成，只突出变化义时，如果句中其他成分已经包含了前后对比的变化语义，如"开始""再""还有""越来越……"等，"了$_2$"的"变化"语义被需求的程度就会降得很低，如果不考虑语用因素，只从语义的层面讲，"了$_2$"就可以隐匿。如：

我们开始在街头闲逛（了），发现了一家中餐馆。

人到了衣食无忧的阶段就不想再受工作束缚（了）。

小王越来越漂亮（了）。

家里还有多少钱（了）？

第三节 "了₂"隐现的条件
之三：音节制约

在上一节的论述中，我们不难看到在探讨"了₂"的隐现规律时，音节因素也是不容忽略的。下面我们分以下三种情况来进一步谈谈这个问题：

其一，在单句中，单个动词或形容词做谓语时，若表完成或变化，"了₂"就是必现的。如：

孩子们睡觉了。
天蓝了。

其二，如果其中动词或形容词为单音节，虽然"已经"和"已"是同义，但当用"已经"为状语时，"了₂"必须强制出现；当用"已"为状语时，"了₂"为自由隐现。我们以动词"死"和形容词"黑"为例在语料库中进行了统计分析，可以看到音节在其中起到的作用，如表2-3所示：

表 2-3

已经+单音动词	已+单音动词	已经+单音形容词	已+单音形容词
已经死（×）1269	已死（√）846	已经黑（×）122	已黑（√）119
已经死了（√）858	已死了（√）168	已经黑了（√）84	已黑了（√）51
已经死去（√）171	已死去（√）121	已经黑下来（√）16	已黑透（√）6
已经死掉（√）42	已死掉（√）15	已经黑得+（√）5	已黑下来（√）8
已经死亡（√）110	已死亡（√）88		已黑尽（√）4
已经死在+（√）23	已死在+（√）55		

注："√"项代表加上主语后可独立成句，"×"项代表加上主语后不可独立成句。"+"代表还需后续成分。数字代表该格式在语料库统计中的出现次数。如："已经死"的出现次数为1269次，其中有858次是以"已经死了"的形式出现的。

冯胜利在《汉语的韵律、词法与句法》一书中指出："人类语言中最小的能够自由运用的韵律单位是音步，而一般把双音节作为汉语最小、最基本的标准音步。在一般情况下标准音步有绝对优先的实现权，因为它是最基本的、最一般的。"①汉语中构词法和句法处处受到这种双音节韵律因素的支配。从表2-3的统计中我们可以看出"已经死""已经黑"为三个音节，这是不能成立的。"已经"为一个双音节词，"死"和"黑"是单音节词，"单音节词在使用中常与其他词连成音步，如果不与其他词汇连成音步，在使用中是常常受到限制的"②。所以在"已经死""已经黑"这两个被搜索项中，很多时候我们就用了"了$_2$"或其他表结果性成分如"去、掉、透、在"等将"死"和"黑"补足成双音节或更多音节，还可用"下来"等与"黑"结合成新的短语，这样句子就可以成立了。以上的语料库统计足以证明这一点。而"已死""已黑"因为是为双音节，则无须如此，"了$_2$"的出现也较自由。"早已"和"已经"的使用情况相同，其他动词或形容词在此格式中使用情况与我们调查统计的这两个例子相同。值得说明的是此处单音节动词即使没有结果义，上面的论断也还是成立的，如我们可以说"文件已阅""人已来"，但是却不可以说"文件已经阅""人已经来"。

其三，除"已经"外，当动词或形容词前出现其他状语时，情况又如何呢？我们来考察一下状语、动词和形容词的音节数量对"了$_2$"隐现的影响。先说说动词，如果不考虑句外语境，在句子内部动词只有在表示结果义时，和状语结合才有

---

① 冯胜利：《汉语的韵律、词法与句法》，北京大学出版社2009年版，第3页。
② 同上书，第17页。

可能转喻"了$_2$"。所以我们就以结果义动词"消散"为例，以"浓雾渐渐消散了，大家这时才看清前方的路况"中第一句（画横线部分）为变前项，我们来作如下转换：

单音状语+双音结果义动词（3个音节）浓雾渐消散，……。×

单音状语+单音结果义动词（2个音节）浓雾渐消，……。√（常为固定搭配）

双音状语+单音结果义动词（3个音节）浓雾渐渐消，……。×

双音状语+双音结果义动词（4个音节）浓雾渐渐消散，……。√

再来看看形容词，以"脸色渐渐红润了，身子也觉得暖和了许多"中第一分句为例，我们来作如下转换：

单音状语+双音形容词（3个音节）脸色渐红润，……。×

单音状语+单音形容词（2个音节）脸色渐红，……。√

双音状语+单音形容词（3个音节）脸色渐渐红，……。×

双音状语+双音形容词（4个音节）脸色渐渐红润，……。√

从上面两种转换以及前面"已经/已+动词"的分析不难发现，在语段的某个分句中，如果句中状语和结果义动词、形容词的音节搭配为双数的 2（1+1）或 4（2+2）个音节时，

"了$_2$"就可隐可现。当然要特别指出的是,"单音状语+单音结果义动词"和"单音状语+单音形容词"这种两个音节的组合导致"了$_2$"的隐匿时,状语和动词、形容词之间的搭配一般属习惯上的固定搭配,常见的只有"渐冷""突变""偶遇""顿失"等,在汉语中数量极少。能使"了$_2$"自由隐现的还大多是"双音状语+双音(含双音以上)结果义动词"这种搭配,如:

> 星爷做了十几宗地产交易,其中一单<u>彻底赔钱</u>(了)。
> 在那场惨烈的战斗中,他们全团<u>壮烈牺牲</u>(了)。
> 日本队还是<u>以失败告终</u>(了)。

此外,"动词+结果义补语"对"了$_2$"的转喻有较高的显著度,在语段中在"动词+结果义补语"后"了$_2$"常可以自由隐现(我们将在第三章中对此作详尽分析)。此时,动词和补语的音节数量对"了$_2$"的隐现不起决定作用。如:

> 单(双)音动词+单音补语　衣服打折后,才几天工夫就(甩)卖<u>掉</u>好多套(了)。
> 单(双)音动词+双音补语　珠子滚(动)<u>下来</u>(了),大家都伸过手去抓。
> 单(双)音动词+多音补语　我(奔)跑<u>到山顶上</u>(了),看到山腰处有一群人。

第四节　"了$_2$"隐现的条件之四:特殊句式

我们认为,"了$_2$"在各种语义变体条件下,和其他词语组成一个个的语法句式，它们都有自己的句式义。搭配是指"了₂"与其共现的词语之间的组合关系。这种词语序列也是语言学习的主要内容。我们结合"了₂"的隐现规律，将这种搭配分为两类

1. 固定搭配

这类搭配中"了₂"必须出现，如果"了₂"不出现，就会改变整个句式的语法意义。由"了₂"组成的句式中绝大多数属于这一种。我们在第二章第一节中列了"了₂"的六种语义变体：(1) 表动作实现，并兼表事态变化。(2) 表主体状态的变化。(3) 提醒听话人事态将要变化。(4) 表对原词词义和词性的改变。(5) 表对原句动作延续时量的改变。(6) 表确定某状态的超常变化，并增加感叹色彩。只有第6类比较特殊，内部有分化。第6类中"可+形容词/动词+了""太+形容词/动词+了"（表称赞）两类句式是固定搭配，"了₂"必现。

2. 弱搭配

所谓"弱搭配"是指"了₂"和同一句式中的其他词语的搭配关系不紧密，"了₂"的主要作用是提醒，隐或现都不影响语义表达。在第二章第一节中所列的六种语义变体中，第6类"表确定某状态的超常变化，并增加感叹色彩"中的"太+形容词/动词+了"（贬义）、"最+形容词/动词+了₂"，这两类句式均属此类。关于"太+形容词/动词+了₂"（贬义）、"最+形容词/动词+了₂"两类句式，我们将在第八章作详尽分析。

除了上面提到的句式以外，能导致"了₂"可隐可现的特殊句式还有如下五类：

"有字句"
竟有人在我的地盘上捣乱（了）？
接太后密旨，有人告发周兄谋反（了）。

刚才有人来卖台湾产的水果（了）。

"一……就……"的第一分句

舜一死（了），禹就继任了部落联盟的首领。

老爷子一听（了），就气得哇哇大叫起来。

她一怀孕（了），就回家休息去了。

"而"字结构

只听"砰"的一声枪响，斑鸠应声而落（了）。

阎锦文跳进驾驶室，发动引擎，呼啸而去（了）。

一个全新的专业——网络经济 MBA 应运而生（了）。

"等/到……（以）后"句式

等他父亲过世（了）以后，哥几个就分了家。

等小明妈来（了）后，大家就把小明打架的事告诉了她。

等天晴（了）后，我们再把衣服晒出去。

假设复句中的第一分句

如果你吃（了），你妈妈就累也不觉得累了。

要是你睡觉（了），你怎么知道谁来了？

即使他知道（了），这也不是什么见不得人的事。

第五节　小结

在第二章第一节中，我们首先确定了"了$_2$"语义的内涵和外延，列出其六种语义变体，变体 1 是侧重表现"了$_2$"表完成的时体意义，变体 2—6 则是表现"了$_2$"表"变化"的语义，即情态意义。我们指出所谓"了$_2$"的隐现问题是指：从语义角度讲，其应该出现，但却并未出现。在本章中，我们可以看出"了$_2$"的现与隐除了受语法意义的支配外，还受到语用因素（语用功能、语体差异、语境条件）、音节因素和特殊句式等几个方面的综合制约。那么这几种制约条件之间的内在关系如何？它们对于"了$_2$"的隐现是如何共同发挥作用的？现在我们分单句和语段两个方面来谈谈。

单句中，从语义层面看，在有语义表达需求的前提下，语义变体1至语义变体6的所有语法句式中，"了$_2$"一般都必须出现。

当"了$_2$"表完成时，隐匿的情况最多。如具备以下六种条件之一就会导致"了$_2$"可隐可现：

第一种：句中有明确的过去时时间词，即表示在某时某刻正在发生某事。（具体参见第二章第二节）

第二种：当"过"表示"曾经经历"时，常可以转喻"了$_2$"。（具体参见第二章第二节）

第三种：当"了$_1$"在某种条件下可以和"了$_2$"互换时，可以转喻"了$_2$"。（具体参见第二章第二节）

第四种：句中含某些转喻显著度较高的"结果义"补语。（将在第三章第六节详尽论述）

第五种：句中有某些动词的习惯用语。（具体参见第二章第二节）

第六种：双音节结果义或起始义动词前有"已经"类副词。（具体参见第二章第二节）

当"了$_2$"不表动作实现，只表变化义时，句中其他表变化的同现成分，如"再""越来越"等也可对其进行转喻，使其自由隐现。（具体参见第二章第二节）

弱搭配的句式还有其他句式也可以引起"了$_2$"的自由隐现。（具体参见第二章第四节）。

除以上语义、语法和句式条件外，在单句中，"了$_2$"的隐现还会受到语用功能和语体差异的制约。这和语段中的隐现条件相同，下面会进一步论述。

值得注意的是，这些在单句中能使"了₂"隐匿的条件，在语段中也同样如此；反之，在语段中可使"了₂"隐匿的条件，在单句中却无法实现。如语段中即使单个动词后的"了₂"在句外语境条件配合下也可以隐匿，但在单句中却不可如此。

在语段中，"了₂"隐而不现的情况较为普遍，在任何动词后边都可能存在。在语段中它为什么要"隐"呢？是因为从简去繁的语用规则限制了"了₂"的泛化出现。这完全有别于英语的过去时和完成体的表达方式。能够给它的隐匿提供条件的是语境，即句外语境和句内语境。

我们现在举例来说明一下，在单句中，如果说"我们学习了"这个句子中"了₂"根据语义是必须出现的。到了语段层面，可能会是这样的情况："我们学习，聊天，踢球，然后就回家了。"因为句外语境是叙述的，并且提供了过去时态，同时分句之间又是连续的承接关系，所以即使"了₂"不出现，理解上也不会有问题。另外，我们还可以说"我们学习到第十二课，然后就回家了"。这时，因为句内"学习到十二课"这个"动词+结果补语"成分转喻了"了₂"的实现态语义，所以又使其可以隐匿。但是即使是具备了这些隐匿的条件，如果说话人还想强调所做的每件事情，提醒听话人注意，他仍可以说"我们学习了，聊天了，踢球了，然后就回家了"，这个句子也没有问题，或者说"我们学习到第十二课了，然后就回家了"，也成立。这是因为"了₂"的"提醒"的语用功能在起作用。但是汉语中还有从简去繁的语用规则，太多的"了₂"一起出现在同一语段中，显然并不合实际。所以还有一种可能就是只强调事件中的起始、中间、结束的某一重要环节，如"我们学习，聊天，还踢球了，然后就回家了"。所以"了₂"究竟何时隐何时现，往往是有多种可能性的，在同样一个句子中就有了上面这么多种不同的"了₂"的隐现情况。

总之，无论在单句还是语段中，决定"了₂"出现的根本原因是语法意义。

其他能够制约"了₂"隐现的因素为：语用因素（语体形式、语境条件、语用功能）、音节因素和特殊句式。如图2-2所示：

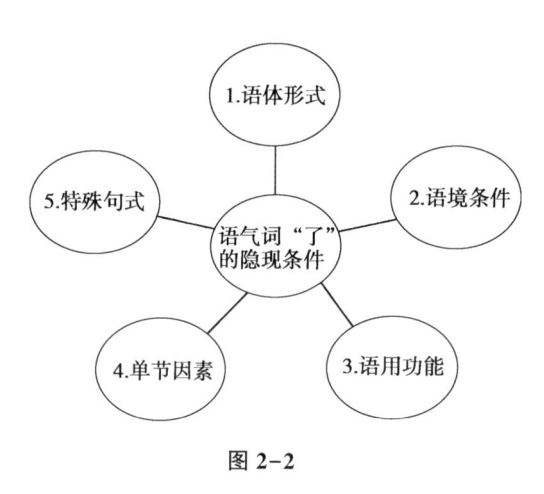

图 2-2

按照先后顺序来说，首先语体形式是制约"了₂"隐现规律的首要因素，"了₂"常出现在口语语体中，在非交流的书面语体中常隐而不现。其次是语境条件，包括句外语境和句内语境。句外语境是指在上下文中对过去时完成态或变化的语义有所提示；而且分句与分句之间的语义关系是并列的或承接的；在时间顺序上是连续的。如果存在上述句外语境条件，"了₂"就有可能自由隐现。另外，不管句子外部的语境如何变化，句内语境都可给"了₂"的隐匿提供条件。句内语境是指句内的结果补语、程度补语、结果义动词、动词的某些固定格式、"已经"等副词成分，以及其他表"变化"的成分对"了₂"构成语义上的转喻，这些成分转喻"了₂"的显著度越高，其被转喻的可能性越大，"了$_2$"的隐匿频率也随之增加。这其中也自然涉及动词、形容词等中心词的语义特征。句外语境给"了$_2$"的自由隐现提供了必要的外部条件，句内语境给"了$_2$"的自由隐现提供了更加充分的内部条件。当句外语境的条件不利于"了$_2$"自由隐现时，如分句之间不再是连续的、平等的并列或承接关系时，依赖足够的句内语境条件，"了$_2$"仍可以自由隐现。而这种句外语境、句内语境又在节约的语用原则的支配下，共同促使某些具备条件的句子后的"了$_2$"必须隐匿。语用功能因素是指这些可隐的"了$_2$"句在语段中一般都处在非焦点信息上，不是语段起点、中间的重要转折和结果，无须"了$_2$"的"提醒"的语用功能。音节因素是指当"已经"等状语成分和结果义动词或者形容词组合后的音节数为"1+1"或"2+2"时，也可转喻"了$_2$"，使其自由隐现。特殊句式因素是指"了$_2$"在某些特殊句式中存在自由隐现状态。如果除去语体形式的因素外，在有"了$_2$"的语义表达需求的前提下，一般必须使"了$_2$"出现的因素是语用功能，必须使"了$_2$"隐匿的因素是节约的语用原则，其他因素都是可使"了$_2$"自由隐现的条件。

汉语中，就是上述这些因素导致"了$_2$"隐而不现的。这些复杂的制约要素同时综合作用于"了$_2$"的隐现规律中。每一个因素都可导致"了$_2$"隐或者现。在一个语段中谈"了$_2$"何时必须出现，何时不必出现，何时可现可隐，要将句子、语段和上面这些条件结合起来看，不能一概而论。这就是这个问题之所以成为一道难题的"困难"之所在。我们要做的就是把握脉络，分析清楚这些制约因素，揭示这些因素在句子和语段中是如何发挥作用的，给汉语学习者正确使用"了$_2$"提供科学的依据。在下一节中，将结合具体案例来验证我们的观点。

第六节 案例综合分析

现在我们以一段经典的现代口语戏剧对白为例,对其中所有"了₂"隐现的情况进行分析。

曹禺全集《胆剑篇》第一幕①(片段)

1. 防风婆婆:灭了*。完了*。抢光了*。烧干净了*。

2. 防风嫂:吃什么啊!吃什么啊!地都烧光了*。

3. 防风婆婆:天杀的吴国兵啊!

4. 苦成:谁家也没留下一块地。不要再说<u>了</u>,过来吧!

5. 乌雍:苦成爹!

6. 苦成:乌雍!你怎么来了*?槜李怎么样了?

7. 乌雍:完了*。吴兵屠了城,一火烧光了。我们这些家奴都叫吴兵抓(了)去了。就我一个逃(了)出来了。连夜赶了二百里,路上捡了这三个孩子。听说勾践大王叫吴国人俘虏<u>了</u>,这是真的吗?

8. 苦成:嗯,是真的。

9. 乌雍:真叫人俘虏<u>了</u>,那还不如死了*的好!

……

10. 卫士:真是杀不怕的越国人。他们倒是越跪越多<u>了</u>。

11. 希虎:勾践已经被我们俘虏<u>了</u>。知道吗?老东西?

---

① 曹禺:《胆剑篇》,四川人民出版社1979年版,第1页。

……

12. 被离：你们太宰收下（了）越王勾践的赃物贿赂了，你分了多少？

……

13. 被离：我们抓到（了）勾践了，呈现（了）大王了，大王还要斩首立威，怎么现在就——

14. 王孙离：就定然不杀了*。

15. 被离：这是捣的什么鬼？走，不恭了*，王孙大夫！

16. 王孙雄：小小年纪就当上（了）牙将了，真是会爬。伍相国就喜欢用这种好勇斗狠，不知进退的后生小子！越国范大夫怎么还没来？

17. 范大夫：越国大夫在。

18. 王孙雄：你们君臣上下在庙里这半天了，还没辞完庙吗？

19. 范：差不多了*。

……

20. 范：你们五壮士怎么样了*？

21. 无霸：能打的还有三千了，都在会稽山上待命。

22. 范：军情如何？

23. 无霸：山上全是伍子胥的兵，被他们团团包围了。

24. 范：军米还有多少了？

25. 无霸：全军只有五斗米了。可是范大夫，大王被俘了，将军战死了。我们滴水不进，一粒米也吃不下了。大家夜夜朝朝，戈矛在手，甲胄不脱。听说大王被俘了，定要下来，同吴兵决一死战。宁为玉碎，不为瓦全！

26. 范：那么越国呢？大王真有不测，越国岂不更难再起了吗?

27. 无霸:哦。

28. 范:我们要打,但不是现在;要动,还不是今天。你们五壮士要保住军力,吴国才能对我们有所顾忌,不敢危害大王。今后如何安排,都在这军简上了。你拿回去交给副将,快走吧!

29. 无霸:我只求见大王一面。

30. 范:大王在禹庙里,已经不能随便见我们了。

……

31. 伍子胥:被离牙将,你真是莽撞!没有向我禀告,就擅自强行进(了)庙了,受了太宰的阻拦。没有斩去勾践,却损害了右军的威严。

32. 被离:被离知道相国的心中大事,冒万死之罪。想为老相国,为我们万世江山刀下立功,一刀就把此后吴国的大事办了*。

……

33. 被离:当年老相国辅佐先王攻伐楚国,不是把楚国的宗庙社稷一天就灭了*吗?

……

34. 希虎:不成。告诉你,就是伍相国自己来了,也是不成的。

35. 范:伍相国,我当你是吴国的忠臣,天下的人杰。四海之内,哪一个人不知道信义无双的伍相国?但是大王被俘(了)之后,我们献出(了)美玉良金和国家宝器了,为的是保下他的性命,贵国大王已经应允(了)下来了。当时并不见相国拔剑相待,今天却在我们背后出尔反尔了,动起(了)手来了,难道吴国的相国可以这样对待四海的公论吗?

36. 伍子胥：范大夫，你不愧是个真正的汉子。你是英雄，是圣贤之臣。但是这样死心塌地地辅佐勾践，对你未免太可惜了。

37. 范：为了越国，为了大王，我粉身碎骨都是不够的。伍子胥、范大夫，我能亲眼看见越国人这样的气概，这才叫我睁开了眼，越国的事情比我方才想的要严重得多了。被离，把剑放下！

……

38. 小女孩：爹爹，你闭上眼吧。女儿就是死了，也要变成厉鬼掐死他们的。

39. 夫差的武士长：放肆，砍了！把她办了*！

……

40. 夫差：半个月的工夫，吴国的兵马战车就踏遍了越国的疆土，我们一连杀光了几个城池，俘虏了越王勾践！这才是将士的忠勇，吴国的军威。寡人不德，前年用兵攻（了）打鲁国了，去年攻打（了）陈国了，今年打了楚国（了），又打（了）赵国了。我们就好比那农夫的镰刀，把四海的蓬蒿杂草都割了个干干净净了。

41. 太宰：臣以为应该把大王的王道武功，尤其是赦免勾践的大仁大义的决断，全部刻在碑上，叫它与乾坤同存。

42. 夫差：我看不必了*。

43. 太宰：臣斗胆已经做（了）主了。就在这越国的大禹庙前，立下大王的丰功之碑。

我们将上面这段戏剧对白中的"了$_2$"根据其隐现状况分为三种标记：

第一种："了*"，为已经出现同时也是必现的"了$_2$"。

第二种:"了"在实际语料中出现,但并非强制出现,即可隐但实现。其中我们界定的"非强制性出现"的标准是:去掉这个"了"不影响语义表达,也不影响成句。

第三种:"了"为句末语气词"了$_2$",它可以被添加上,对句义没有影响,但实际上在语料中并未出现的,即可现但实隐。这是真正隐匿的"了$_2$"。

"(了)"为结构助词"了$_1$",实际上是句中没有出现的,隐现的"了$_1$"。

我们将每个发话人说出的话称为一个语段,含一个句子或多个句子。通过分析,我们发现:

首先,在以下四类句子中,语气词"了$_2$*"是强制出现的(下面的数字代表上述对白中的段落编号):

第一类:

1. 灭了*。完了*。
6. 你怎么来了*?
7. 听说勾践大王叫吴国人俘虏了*。
9. 真叫人俘虏了,那还不如死了*的好!

第二类:

1. 抢光了*。烧干净了*。
2. 地都烧光了*。

第三类:

32. 一刀就把此后吴国的大事办了*。
33. 不是把楚国的宗庙社稷一天就灭了*吗?

39. 放肆，砍了*！把她办了*！

第四类：

6. 檇李怎么样了*？
14. 就定然不杀了*。
15. 不恭了*，王孙大夫！
19. 差不多了*。
20. 你们五壮士怎么样了*？
42. 我看不必了*。

第一类中的"了$_2$"在单音节动词后表完成，有成句作用。如第1段、第6段、第9段中的"灭了""来了""死了"等。

第二类中的"了$_2$"在"动词+（形容词）结果补语"后表完成，非语段中，有成句作用。如第1段的"抢光了"和第2段的"烧干净了"。

第三类中的"了$_2$"用在"把"字句末尾，作动词的补充成分，因无其他补语成分，"了$_2$"在此有成句作用。如第32段的"一刀就把此后吴国的大事办了"等三个"把"字句。其中39段中的"把她办了"不是已然，而是未然。"砍了"中的"了$_2$"是提醒听话人事态将要变化，因为句中没有其他可以转喻"了$_2$"的成分，所以也必须出现。

第四类中的"了$_2$"出现在"疑问代词（怎么样）+了$_2$""不+动词/能愿动词+了$_2$""副词（差不多）+了$_2$"三种句式中，表变化。

其次，含非强制出现的"了$_2$"（可隐但实现）的语段可分为四类：

第一类：

9. 真叫人俘虏了，那还不如死了*的好！
38. 女儿就是死了，也要变成厉鬼掐死他们的。

第二类：

11. 勾践已经被我们俘虏了。
30. 已经不能随便见我们了。
43. 臣斗胆已经做（了）主了。

第三类：

36. 对你未免太可惜了。

第四类：

4. 不要再说了，过来吧！
10. 他们倒是越跪越多了。
25. 全军只有五斗米了。
26. 越国岂不更难再起了吗？

第一类中，第9段、第38段中的"了$_2$"是因为在假设条件复句的第一分句中的动词后边，所以是可以隐匿的。

第二类中，第11段和第43段中"了$_2$"非强制出现的原因是动词"俘虏"和"做主"分别为双音节，而且前有副词"已经"。第43段"做主"是离合动词，所以中间还可插入动态助词"了$_1$"。第30段中的"了$_2$"表变化，但是因为"已经"的存在，所以也可以隐匿。

第三类中，第36段中"了$_2$"出现在"太+形容词+了$_2$"

这个固定搭配中，当其中的形容词含否定、消极意义时，"了$_2$"是可以隐而不现的。如：太贵（了）、太难（了）等。

第四类中，"了$_2$"在单纯表提醒"变化"时，隐而不现的情况比较多，究其根本，这也和句子对"了$_2$"这种变化语义的需求程度有关。我们观察到在第一组强制出现的句子中"了$_2$"也有表"变化"语义的情况。如：第41句中"我看不必了*。"这个"了$_2$*"就必须出现，因为根据上下文的意思可见：夫差不同意属下的建议，不打算把王道武功刻在石碑上，两个人的观点截然相反，这种变化就非常需要"了$_2$"来体现。而本组中的第10句"他们倒是越跪越多了"这个"了$_2$"就是非强制出现的，因为"越+动词+越……"这个句式本身也有"变化"的语义，所以"了$_2$"的变化语义在其中只起到辅助的作用。第4句中"不要再说"的"再"字，还有26句中的"更"都有表变化的意思，"了$_2$"就可隐匿。除了这些句内因素外，有时这个隐匿的条件还是由语境提供的。如第25句中"全军只有五斗米了"这句答语的前一句问话是"军米还有多少"，这个问句中的"还有"就提示在询问最近的变化，所以在答语中"了$_2$"即使不出现，读者根据上下文也不会有理解的障碍。但是在实际语料中作者使用了它，就是为了更加提醒、强化这种变化，主要体现"了$_2$"的语用功能，添加与否对句子语义没有影响，所以我们认为此时的"了$_2$"是可隐但实现的。

最后，分析一下真正隐匿了的语气词"了"，即可以出现但是没有出现的。可分为两种情况：一种是只有一个"了$_2$"隐匿的单句中；另一种是有很多"了$_2$"隐匿的语段中。我们先来看看在单句中的，如：

18. 你们君臣上下在庙里这半天了，还没辞完庙吗？

21. 能打的还有三千了，都在会稽山上待命。
24. 军米还有多少了？
28. 今后如何安排，都在这军简上了。

这四个句中的"了₂"都不表动作完成。第18句中的"了₂"为改变了原句动作延续的时间量，指动作一直延续到现在。第21、24、28句中"了₂"表事态变化，这四个句子添加上"了₂"后，从语义、句法和语用的角度来看都没有问题。因为多这一个"了₂"，语句也不会显得繁复、臃肿。隐匿的根本原因在于这四个句子的句外语境和句内语境包含了"了₂"的语义，所以"了₂"可隐匿。18句中"还没辞完庙吗？"这后一分句暗含了"君臣在庙里待的时间是一直到现在"，所以"了₂"可隐匿。第21、24、28三个句子中，"还有""今后"两个词对"变化"的语义也有暗示作用，所以"了₂"不出现也不影响对句子的理解。

另一种是有很多"了"隐匿的语段，情况就会变得复杂得多。这其中有隐现的动态助词"（了）"，也有语气词"了"。这些"了"如果都出现，从单句的角度看可以成立，但却因违反了节约的语用原则而不成立。第7、13、16、25、31、35、40段中都属这一类。从语体形式上看都是叙述。我们以第7段为例来分析一下：

完了。吴兵屠了城，一火烧光了。我们这些家奴都叫吴兵抓（了）去了。就我一个逃（了）出来了。连夜赶了二百里，路上捡了这三个孩子。听说勾践大王叫吴国人俘虏了，这是真的吗？

其中，"完了"是一个独立结构，和我们说的"得了、罢了"等是一样的,"了₂"必须强制出现。上面的五句话中原文在开始一句中出现了一个"了₁",即"吴兵屠了城",然后在第四句中出现两个"了₁",最后在第五句中又出现一个"了₂"。其中阴影部分的"了"是"了₂",括号中的"了"是"了₁",都是根据语义是可以出现的,但实际上在语料中却并未出现的。从整个叙述语段提供的语义背景上讲,这些连续的动作都是已经实现的。从"吴兵"到"孩子"这个部分可以视为一段完整的叙述。"吴兵屠了城""赶了二百里""路上捡了这三个孩子"这前后三句话都有强调宾语的特点。从第一复句中的后一分句"一火烧光"开始,到"我们这些家奴都叫吴兵抓去",再到"就我一个逃出来"这三个句中都可以再加上"了₁"或"了₂",如下列例句中阴影部分的"了"(了₂)和括号中的"了"(了₁):

一火烧光了。我们这些家奴都叫吴兵抓(了)去了。就我一个逃(了)出来了。

而且这三个句子失去这些"了₁"和"了₂"后在单句层面都是不能独立成句的,我们不能说:

一火烧光。×
我们这些家奴都叫吴兵抓去。×
就我一个逃出来。×

这些单句只加上"了₁"也还是不能独立成句,还得依靠"了₂"的成句功能。但是在叙述的语段中,特别是在这三个句子前后已经有三个"了₁"字出现的情况下,这些阴影部分的"了₂"就都会隐而不现。此处"了₂"的隐匿更多是依赖了句外语境因素和句内句法成分对"了$_2$"的转喻功能。

在原文中,在这三个例句的前后已有三个"了$_1$"句的存在,即:

吴兵屠了城。
连夜赶了二百里,路上捡了这三个孩子。

这是不是以上"一火烧光。我们这些家奴都叫吴兵抓去。就我一个逃出来"这三个句子中"了$_2$"隐匿的必要条件呢?我们又作了如下的转换试验,即:把这三个"了$_2$"已隐匿的句子的前后三个含"了$_1$"的句子都删除,这个语段就变成了如下的情况:

"完了。吴兵(把城池)一火烧光。我们这些家奴都叫吴兵抓去。就我一个逃出来。听说勾践大王叫吴国人俘虏了,这是真的吗?"

该语段也还是成立的。这说明句外语境提供的"过去时"的背景语义才是这些"了$_2$"在语段中隐现的必要条件,而不是前后句子中含了多少个"了"。

如再把所有这些隐匿的"了$_2$"都添加上,对语义是没有影响的,但是从语用层面上看是行不通的,因为太多的"了"(包括"了$_1$"和"了$_2$")是语用原则上的禁忌。但是在一个语段中,我们在"了"的使用上到底有没有所谓"数量上的底线"呢?就目前的考察来看,还不能证明这一点。因为我们即使不把已隐匿的"了"全部加上去,还是可以添加上去若干的,这有一定的弹性空间,且对表达不会造成影响。如我们在不同位置添入实际上处于隐匿状态的"了$_2$",对原文作了以下三种转换:

a 吴兵屠了城,一火烧光了。我们这些家奴都叫吴兵抓去。就我一个逃出来了。连夜赶了二百里,路上捡了这三个孩子。听说勾践大王叫吴国人俘虏了,这是真的吗?

b 吴兵屠了城,一火烧光。我们这些家奴都叫吴兵抓去了。就我一个逃出来。连夜赶二百里,路上捡了这三个孩子。听说勾践大王叫吴国人俘虏了,这是真的吗?

c 吴兵屠了城,一火烧光。我们这些家奴都叫吴兵抓(了)去。就我一个逃出来了。连夜赶了二百里,路上捡了这三个孩子。听说勾践大王叫吴国人俘虏了,这是真的吗?

a、b、c 三组句子中的阴影"了$_2$"出现在不同的位置,显现的位移状态灵活而且有弹性,但语段仍然成立,可见,除了"吴兵屠了城""连夜赶了二百里""路上捡了这三个孩子"三句中因为强调宾语而必现"了$_1$"外,"了$_2$"在该语段中的隐与现都是相对自由的,出现在何处源于发话人对于自己所认定的焦点信息的强调。另外也可看出"了$_2$"的隐匿离不开句内语境的配合,如"一火烧光""叫吴兵抓去""就我一个逃出来"等句都是"动词+结果补语"或"动词+趋向补语"的结构模式,试想如果没有这些可以转喻"了$_2$"的补语成分,仍无法实现"了$_2$"的隐匿。

再纵观与此段相同类型的第 13、16、25、31、35、40 段,动态助词"了$_1$"和语气词"了$_2$"隐匿所依据的语用原则是相同的,即:在一个叙述性质的语段中,为了避免"了"的重复和连用,就会存在"了$_1$"和"了$_2$"隐匿的情况,"了$_1$"会在强调数量和动作对象时必须出现;而"了$_2$"则在话题的转换和事态自然的起始和终结变化时出现,或者是作者有意凸显变化时出现。

以上对这段口语对白的综合分析能充分证明：在真实的语言交际中，"了$_2$"的隐现是语义、语法、语用、音节这些因素交互作用的结果。更深一步讲，"了$_2$"隐现的背后是汉语中的"时""体"表现手段的多样性。不能说哪种因素是完全的主导，更不能一概而论。

既然汉语的言语现实就是如此纷繁复杂，我们就要作耐心、细致的具体分析。把握好每个要素，总结内在规律。在上述所有制约要素中，句内语境的制约因素因为涉及的相关句法成分太多而最难把握。我们在第二章第一节中曾探讨过"了$_2$"的核心语义及其六种语义变体。在以下的第三章至第八章中，我们将分别对"了$_2$"在每种语义变体中的语义表现、语法形式、句法功能、隐现规律、语用条件、其他相关同现成分（及其相互关系）等做出更为系统、深入的描写与论述。

第三章 "了₂"表动作已发生并兼表事态变化[①]

第一节 语法形式和语义变体

一 语法形式与语义变体

该类的主要形式为:"动词+了₂"。其中包括两大类:一类是"动作行为动词/心理状态动词+了₂"(我们将全部动词划分为动作行为动词、心理状态动词两大类进行论述);另一类是"助动词+动词+了₂",其中助动词是指表掌握某种技能的"能(够)、会、可以"三个助动词。"动词+了₂"是"了₂"出现的最普遍的语法格式。请看例句:

我们吃饭了。
他喜欢上围棋了。
他从那时候起就会德语了。
这孩子都能说话了。

[①] 参见王巍《语气助词"了"的一种语义变体及其语法形式》,《汉语学习》2004年第4期。

在这一类中,"了$_2$"具有表事件已经发生的语法意义,同时也兼表事态有了新变化。"了$_2$"在与动词搭配中体现为以下三种变体:A. 提醒变化将要发生;B. 表开始并正在进行;C. 表完成。事态变化是伴随动作变化来实现的,这三种变体可以出现在同一动词与"了$_2$"组合的格式中。如情景是甲、乙二人在看跳远比赛,朋友丙是参赛选手,他们三人之间可能会出现下面的对话:

A. 丙:我跳了。(提醒听话人其动作将要发生)
B. 甲:看,他跳了。(动作开始并正在进行)
C. 甲从洗手间回来。甲:他跳了吗?
　　乙:他跳了。(动作完成)

在"了"的 A、B、C 三类语义变体中,动词的出现是有条件限制的。我们选取了在时间上具有不同语义特征的四组动词进行了考察,即:具体动作类动词,如"走、跑、来、跳、搬、踢、打"等,从开始到结束的动程一般较短。心理喜好类动词,如"喜欢、讨厌、爱"等,动程较长,从动作开始到结束的过程通常不会在短时间内完成。消亡类动词,如"死、牺牲、灭亡、毁灭"等,动程开始即是结束,为瞬时动词。判断、领有类动词,如"是、在、有"等,这些动词动作本身在时间上具有延续性,无终止点。得到以下结论(见表 3-1):

表 3-1

	A 提醒将变	B 开始	C 完成
具体动作类动词	+	+	+
心理喜好类动词	-	+	-
消亡类动词	-	-	+
判断、领有类动词	-	+	-

观察这些动词，适合于 A 类的只有具体动作动词，可以说"我们走了"等表示提醒变化。应该说明的是，消亡意义的动词具有瞬息性，如"死、牺牲"等，除了在开玩笑的场合下，我们一般不用消亡意义的动词来提醒听话人将要发生某种变化。以上分析可以证明，适合 A 类提醒变化义的动词是一般可以马上发生并有必要提醒对方的行为动词。适合于 B 类开始义的是除了那些动程开端即是末端的结果动词以外的动词；不适合于 B 类的只有瞬时间内完成的消亡义动词，如我们不能说"他死了"中的"死"是开始进行之意。适合于 C 类完成义的是除了动程具有长期性特征以外的动词，如心理活动类动词和判断、领有类动词都因其时间上的"无界性"，所以不能直接进入此类。这种情况的产生说明了动词的动程变化对"了$_2$"的语义表现起着决定性作用。

二　句外语境、句内语境与"了$_2$"的语义表现

同时通过表 3-1 的举例，我们也不难发现，同样一个句子，如"我跳了"，在不同的上下文语境中，"了$_2$"的语义表现是不同的。这也从一个方面证明了语境对于语义表达的选择和制约作用。又如：

语境1：两个在前一晚一同聚会的朋友，第二天早上见面了。A：孩子们昨晚吃完饭回家做什么了？B：他们睡觉了。

语境2：两个幼儿园老师指着孩子们在说话。A：看，他们睡觉了。B：我们可以休息一下了。

在语境 1 中，A 的话语将整个语境的时间定位在昨天晚上，所以"他们睡觉了"这个句子怎么看都是过去时的和完成

态的。在语境 2 中，两个老师谈话的背景时间是现在进行时，"他们睡觉了"这个句子因为"了$_2$"的存在，动作发生的时间被确定在过去，但是又因为"睡觉"这个动词的动作的动程具有可持续性，而说话时间又是现在，所以"睡觉"的状态是从过去的某个时间延续到说话的时间。如果要强调完成，则需要加上"完"这样的结果补语。

如果是"死、牺牲、删除"等结果义动词就不会有这样的情况出现。因为动程过于短，加上"了$_2$"的实现态语义，无论在什么语境下都不会产生诸如"他们睡觉了"这样两种语义表现。这个"死"的动作也是在过去瞬时完成的，没人会认为"小鸟正在死"。

从上面的分析中，我们不难看出动作的动程、"动+了$_2$"结构的语义表现和句外语境的关系三者之间的关系可总结为：

第一，当动词的动程为可持续状态时，"动+了$_2$"格式将会在不同的语境中产生两种理解：一是当语境为过去时，表动作完成；二是当语境为说话人正在说话的时刻，表动作开始并持续。

第二，当动词的动程为不可持续时，"动+了$_2$"格式无论在何种语境下都只能产生一种理解，即完成。

除了句外语境外，句内语境是指句中表时间的状语、时量补语、趋向补语、结果补语等都能对动作发生的时间和状态做出提示，影响"动词+了$_2$"的语义表现，对其有可能产生分歧的表意进行制约和规范。如动词"走"例：

  他昨天走了。（"昨天"时间状语提示动作已完成。）
  他向我们走来了。（方向补语"来"提示动作开始并正在进行。）

为了研究"了₂"与动词的组合情况，我们统计了《动词大词典》①中全部1000多个动词，它们都可以出现在"动词+了₂"这一语法格式中。我们对动作行为动词、心理状态动词与"了₂"的同现情况进行了全面的统计分析，得出了动词与"了₂"的组合规律。

第二节 "动作行为动词+了₂"中"了₂"的隐现状况分析

我们在第一章中论述"了₂"的语法意义时曾提到过，由于"了₂"其表变化的核心语义决定了它与句中其他表时间、动程、状态、程度的变化成分的极密切的组合制约关系。如：动词、状语、补语等，在研究中，我们发现这些成分和"了₂"常常同现，并且意义上具有较强的关联性，对"了₂"的隐现起到相当大的影响。下面我们将结合语料统计对其进行更为详尽、具体的描述。

在第二章第四节中我们提到认知语言学中"有界"和"无界"的对立。其实这种对立存在于空间、形状、数量和时间等各个方面，动作可以从时间的角度划分为"有界"和"无界"两种。有界动作的特点是在时间轴上有一个起点和终点，但无界动作则没有起点和终点，或者只有一个起点。如"我很思念他"这个句子中"思念"的动作很难判断时间的起始点，这就是一个"无界"动作。但如果说"我走进教室"，那么，这个动程中，"走"是动作的开始，"进"是动作的终止点，我们能够从动词本身看出动作的起点和终点，这就是一个"有界"动作。

---

① 参见鲁川《动词大词典》，中国物资出版社1994年版，第1页。

这种对动作上"有界"和"无界"的对立体现在语法上的典型反映就是"持续义动词"和"非持续义动词"。

我们以此为依据对汉语中的行为动作动词进行分类，首先将动词分为有明显持续特征的"持续义动词"和"非持续义动词"。分类的具体标准是能否加"着"，如果能，即为"持续义动词"；如果不能，则判定为"非持续义动词"。如"学习、盯、保持、等待"等，我们可以说"学习着、盯着、保持着、等待着"，所以它们具有"无界性"，是"持续义动词"。又如"毕业、死亡、离婚、闭幕"等，就不可以说"毕业着、死亡着、离婚着、闭幕着"，那么它们就是"非持续义动词"，在时间上体现为"零"。

在持续义动词中，我们经过仔细观察，发现其中动词的语义特征也并不尽相同。可以分为两组：

第一组：完全持续义动词，如"学习、坚持、锻炼、迷信、调查、反省、奋斗、燃烧"等。这些动词的特点是在时间上体现为一个时间段。动作的实现都需要一个过程，且不可能在瞬时完成。

第二组：含有结果义的持续义动词，如"加强、改善、端正、放松、逃避"等。它们虽然可以与"着"组合，但与 A 类不同的是这些动词的特点是在时间上可以表现为时间上的段，也可以表现为时间上的点。时间或长或短或是瞬时的。它们的动程常是渐进式的。与"死"等非持续义动词不同的是它们是既含过程也含结果的。

我们将非持续义动词和含有结果义的持续义动词统称为"结果义动词"。它们具有明显的表结果倾向，即"有界状态"，同时对这种结果的表达不需要借助语境和其他词语的配合。我们的研究证明，结果义动词的出现与否与"了$_2$"的隐现有很大关系。因为它们本身具有终结、实现的语义特征。这和"了$_2$"的语义相一致，所以在一定条件下，"了$_2$"就可以隐匿。现在我们根据"持续义"和"结果义"这两种语义区分的标准，同时结合动词的音节特征将动作行为动词分为"双音节结果义动词""单音节结果义动词"和"持续义动词"三种，来看看它们和"了$_2$"的隐现之间的关系。

一　双音节结果义动词

我们在《汉语动词用法词典》①查找到如下145个"双音节结果义动词"：爆发、毕业、闭幕、保留、产生、撤销、采用、采纳、达到、到达、打倒、逮捕、颠倒、夺取、捣乱、断绝、放弃、粉碎、否认、告别、分别、分手、改善、改进、获得、加入、加强、减少、降落、降低、恢复、接近、奖励、接受、揭发、建立、揭露、结合、结婚、解决、解散、解放、接受、拒绝、开除、开幕、开始、克服、控制、扣留、扩大、离婚、流传、埋没、埋葬、满足、抹杀、没收、谋害、灭亡、排除、叛变、抛弃、破坏、破裂、普及、切除、侵略、驱逐、屈服、取得、取消、缺乏、确定、扰乱、丧失、死亡、失败、失去、收获、树立、衰亡、缩小、坦白、逃避、逃走、淘汰、提高、提拔、停止、同意、统一、投降、推翻、退还、脱离、妥协、完成、完毕、违背、违反、稳定、误会、误解、牺牲、下降、下来、限制、消除、消化、消灭、消失、泄漏、信任、醒悟、削弱、投靠、移动、获得、隐瞒、赢得、碰面、原谅、允许、应用、优待、赞成、糟蹋、增产、增加、展开、占领、占有、掌握、镇压、支配、指定、制定、制止、转变、转移、准

---

①　参见孟琮《汉语动词用法词典》，商务印书馆1999年版，第1页。

许、阻挡、阻止、遵守。

这些双音节结果义动词如果再加上一些"有界性"的状语或补语成分，就会以最高频率转喻"了$_2$"。关于补语的问题，我们将在本章的最后一节单独讨论，现在我们先来看看状语。这些状语成分如下：

第一类："已经义"时间副词——业已、已、已经、早已、早就、都。当这六个时间副词与上面的结果义动词结合时，可以分为两种情况。

"业已、已经、已、早已+双音节结果义动词"时，在单句或语段中"了$_2$"都可以自由隐现。如：

> 他们厂今年的产量业已增加（了）。
> 大型的购物促销活动早已开始（了）。
> 我们已（经）顺利占领敌人阵地（了）。

单句中的"早就/都+双音结果义动词"时，"了$_2$"则必现。如：

> 我们早就准许他们结婚了。
> 她都赢得多数选票了。

但不可以说：

> 我们早就准许他们结婚。×
> 她都赢得多数选票。×

第二类：动词为双音节，且具有结果意义，而且动词前有其他双音节的表过去时的时间名词、形容词、副词等做状语

时,"了₂"都可以自由隐现。如:

> 会餐昨天结束(了),客人们都随着音乐跳起舞来。
> 狼群在黑暗中渐渐消失(了),危险总算解除了。
> 问题至少暂时解决(了),下一步怎么办再说吧。
> 全球经济那时开始衰退(了),失业人数直线上升。

二 单音节结果义动词

除了双音节结果义动词外,汉语中还有一些单音节结果义动词,如"忘、死、夺、分、裂、漏、赢、输、灭、塞、删、赚、赔、锁、晕、闭、病、变"等。

虽然同为结果义动词,但因为音节的差异,单音节动词比双音节动词对"了₂"的依赖性要强得多,在单句中表实现义时,常要求其强制同现,如当"已经"类副词和这些单音节结果义动词、"了₂"三者相结合时,也可以分为两种情况:

第一类:"业已、已经、早就、早已+单音节结果义动词"时,"了₂"必须出现。因为汉语中有双音节的表达倾向,所以当此结构为三个音节时,都需要"了₂"出现以补足音节。如:

> 他家的买卖早就赔了。
> 屋顶已经漏了。

第二类:"已+单音节结果义动词"时,在书面语体中,有后续小句的前提下,"了₂"可以自由隐现。如:

> 一个人心已死,情已灭,谁还能再伤害她?
> 那本书的作者是当时苏联的文艺理论权威,书名已忘,反正没看下去。

当时汉武帝已死,他的儿子汉昭帝即位。

有趣的是在短信等要求语言极为简洁的书面语的条件下,除了单音节结果义动词本身,持续义动词也可进入此格式。如:

饭已做,在锅里。
事情已办理,勿担心。
家已搬,到新地址找我。

但需要说明的是这种格式并非口语的常规表达形式。

绝大多数的副词和形容词做动词谓语的状语时,如果没有其他补语成分,对"了$_2$"的隐现一般没有太大的影响。

三 持续义动词

此类动词对"了$_2$"的转喻能力很低,对句外语境条件的依赖性极强。只有在连续的叙述、排比和对举的语段中才可能转喻"了$_2$"。如:

我们在那个地方聚会(了),寒暄,喝酒,一直狂欢到深夜。
火车快开了,他赶紧上车(了),找到座位后才松了口气。
说着说着她就哭(了),哭完又笑,谁知道怎么回事?

这些句子中"了$_2$"的隐匿,不是因为动词本身的语义和"了$_2$"的"有界性"相契合,而完全由于句外语境的缘故。这类动词本身与"了$_2$"的语义本质相抵触,一般在单句中表

达完成时，都要同现"了₂"。（相关论述参见第二章第二节）

在没有时间状语和补语配合的情况下，如果是双音节结果义动词，我们可以用下面两种形式来表达完成：

计划失败，大家的心情都很沮丧。√
计划失败了，大家的心情都很沮丧。√

但是持续义动词在表达完成义时，我们不能说：

我吃饭，你们快吃吧。×

而只能说：

我吃饭了，你们快吃吧。√

"我吃饭"这个第一分句是作为第二分句的原因出现的，两个分句之间话题突然转换，完全不是连续叙述的、平等的承接关系，所以持续义动词失去了原本需要的"连续叙述"的句外语境条件时，当然要强制"了₂"同现。

还有一个值得注意的现象是，当持续义动词和"了₂"同现时，有表示动作开始并继续的意义。这种语义组合就和"持续义动词+着"基本接近，所以当语境为过去时，如果只出现了持续义动词，这就会造成两种理解，一种可理解为"着"的隐匿，一种可理解为"了₂"的隐匿。如：

她在那儿情不自禁地笑（着），考得这么好，谁都没想到呀。
他拼命地干（着），可是主人还是不满意。

也可理解成：

> 她在那儿情不自禁地笑（了），考得这么好，谁都没想到呀。
> 他拼命地干（了），可是主人还是不满意。

通过这一小节的论述，可以证明：除去音节等因素，动词表"结果义"的语义强度不同，在转喻"了$_2$"时，对句外语境和句内语境的依赖也是不同的，语义越强，依赖程度越低；语义越弱，依赖程度越高。

第三节 "动作行为动词+了$_2$"中的同现成分分析

一 常与"动作行为动词+了$_2$"同现的成分

状语成分：（时间副词）已、已经、就、早就、刚才、终于；（频率副词）又、也；（范围副词）根本、全部；（语气副词）却；（关联副词）才。

补语成分：结果补语、趋向补语、时量补语、可能补语（否定式）。

其中，在状语成分中，表"已经"义的时间副词出现频率最高。在补语成分中，结果补语和趋向补语出现频率较高。

二 需某种条件限制才能与"动作行为动词+了$_2$"同现的成分

当"动作行为动词+了$_2$"中的动词呈现出以下"无界"的语义特征时，该句应以某种条件限制后才可成立。

第一类：句中出现"每天、常常、经常"这样的表经常性副词，需要同现"现在"一类的词或用语境提示加以限制。请看下面的句子：

×张大夫每天上午看病了。（限制）→<u>现在</u>张大夫每天上午看病了。
×他常常跑步了。（限制）→他<u>现在</u>常常跑步了。
×他每天听音乐了。（限制）→他<u>现在</u>每天听音乐了。

第二类：句子的语义特征为对现在或过去某段时间里一直持续的一种情况的陈述时，如果要强调"变化"，前者需要以"现在"来限制，而后者则要以副词"就"或"已经"来限制，才可与"了₂"同现。例如：

他有时按不住火了。×（限制）→他<u>现在</u>有时按不住火了。
李时珍从十几岁开始给人看病了。×（限制）→李时珍从十几岁<u>就</u>开始给人看病了。
上学期他是四年二班的班主任了。×（限制）→上学期他<u>已经</u>是四年二班的班主任了。

虽然上述两类句式中的某个词或整个句式的语义都有与"了₂"的"有界"相冲突的"无界"成分，但是如果添加进"现在、已经、就"这样具有与"变化"语义相适应的时间副词，就可以使整个句子的语义恢复平衡状态。或者在句外语境配合下，将"每天、每回"这样的时间词语置于过去的某个时间段内，这些词就仍可以和"了₂"同现了。如：

103

我们上小学时去找他玩，每次都被他爸批评了。
他那时去提出签证申请，大使馆每回都给拒绝了。

三　不能与"动作行为动词+了$_2$"同现的成分

当有动作行为动词的句子呈现出以下语法特征时，一般不可出现"了$_2$"。

第一类：当句中主要状语为以下副词时，不能与"动作行为动词+了$_2$"同现。这些副词是：正在、在、没有、没（还没……呢、一……也/都没……）、刚、才（表很晚、数量少）、初、方、曾、曾经。例如：

> 叶子正在不停地往下落了。×
> 我一次也没坐过飞机了。×
> 枯枝上新芽刚生出来两三个了。×
> 他到十二点才上床了。×
> 我曾看这本书了。×

通过这些例句我们发现，虽然"曾经""刚""才"这类副词也表示过去的时间状态，与"了$_2$"无意义上的冲突，却不可与之同现。之所以如此，是因为这类句子的语义核心均体现在这个副词上，语气较强，而且已经包含了"了$_2$"所表达的"已经发生"和"事态变化"的语义。

但是"曾、曾经"这两个副词如果和动态助词"过"同现时，又可同现"了$_2$"。如：

> 长城我们曾去过（了）。
> 烤鸭孩子们也曾经吃过（了）。

此时是表"已发生",但句子的语义重心在"过"上,强调曾经的经历,所以"了$_2$"是可有可无的。

我们还发现,虽然"正在""在"不可与"了$_2$"同现,但"又在"却可以与"了$_2$"组合。如:

他<u>又</u>在吃苹果了。
她<u>又</u>在胡思乱想了。

这是由于在这个句子中,语义核心为"又",就使得"在"对"了$_2$"的抵制作用因"又"的存在而消失。这两种现象都充分反映了语言中的"揖让原则"。

第二类:当动词后为表"正在"义的"着""着呢"或"呢"等词时,一般不与"了$_2$"结合。如:

父亲按着怒火了。×
我洗着衣服呢了。×

第三类:下列句式也无法与"了$_2$"同现。

其一,不含结果补语的使令句式。这类句式的语义为让别人做某事,动作尚未发生,所以不能和"了$_2$"同现。如:

你先在阳台上站一会儿了。×
你替我看一下子化验结果了。×

另外,这类句式中如果在状语成分中添加进"只好、不得不、只能……"这些表示"没有其他更好的办法,只好如此"这种意义的副词,则又可以同现"了$_2$"以强调事态从非 P 到 P 的变化了。如:

你只好替我看一下儿了。√
你只能先在阳台上站一会儿了。√

当该句式中出现结果补语时，又常同现"了$_2$"，例如：

都吃饱了。
你们听好了。

这些句子的语义，一方面是使令别人做事，另一方面也表示希望听话人的动作有结果，所以充当补语成分的词一般是有积极意义的词语。

其二，"了$_2$"不能出现在"是……的"这一强调已发生事件的时间、地点的句式的末尾。留学生会常常造出这样的句子：

我是在日本长大的了。×
我是坐飞机来的了。×

这两个句子的核心语义在于强调时间、地点、方式，而非动作的完成，所以不能用"了$_2$"。

其三，当句子陈述一种永恒不变的规律性内容时，不能用"了$_2$"。如：

地球围绕太阳转。
生产力比生产关系变化快。

第四节 "心理状态动词+了₂"中的同现成分分析

据统计，在《动词大词典》中共有44个心理状态动词，如"爱、想、恨、怕"等。这些动词缺乏明显的动作特征，只表心理情状的变化，这使得它们在与"了₂"组合时，还有一些区别于动作行为动词的特征，我们来分类看一下。

第一类：某些心理动词具有稳定性和长时性特征，如"喜欢、爱、恨、讨厌"等，动作很难在短时间内实现或变化，缺少突变性。因而无法单独与"了₂"同现，必须同现其他表开始的状语或表动作结果的补语成分，才能与"了₂"同现。如：

我喜欢他了。×（限制）—我喜欢上他了。√
我恨他了。×（限制）—我开始恨他了。√
我嫉妒他了。×（限制）—我嫉妒死他了。√

某些心理动词的动程则可长可短，可在短时间内实现或变化，也可在长时间内呈持续状态。如"生气、后悔、伤心、知道、犹豫"等，则可与"了₂"直接同现。如：

爸爸、妈妈生气了。
黄老师犹豫了。
他明白这件事了。

第二类：当心理状态动词前出现"很、特别、非常"等表程度的副词时，常要限以"现在"这样的时间词或类似语境，才可与"了₂"同现。请看下面的病句：

a 我在上学的时候，很怕校长了。×
b 我很爱他了。×
c 他发疯似地想孩子了。×

通过限制，句子就可以成立了：

a′我们现在很怕校长了。√
b′我现在很爱他了。√
c′他开始发疯似地想孩子了。√

产生这种情况是由于程度副词与心理状态动词相结合时，常表一种现存的"无界"状态，不表变化，缺乏时间上的有界性。如果与"了$_2$"同现，需加以时间上的限制，使其变成"有界"状态，这种限制可以借助于时间名词、副词或动词来实现。

第三类：当陈述一般日常情况的句子与"了$_2$"同现时，也需加以时间上的起始限制。如：

a 除了爸爸，我们都很爱这只猫了×。
b 除了长跑以外，田径项目我都喜欢了。×
c 母亲光嘴上爱我了。×

加上时间限制，句子则可以成立：

a′现在，除了爸爸以外，我们都很爱这只猫了。√
b′从那以后，除了长跑以外，田径项目我都喜欢了。√
c′现在，妈妈光嘴上爱我了。√

第五节　状语成分和"了$_2$"的隐现

一般来说，状语成分对"了$_2$"的隐现影响不大，动词只有是双音节结果义时，和双音节以上的状语结合才可转喻"了$_2$"，使其可以自由隐现。如：

经过一番激战，敌人的先头部队被我军<u>完全消灭</u>（了）。（双音节状语+双音节结果义动词）

恐龙这个庞然大物，曾经统治地球达1.7亿年，<u>然后彻底消失</u>（了）。（双音节状语+双音节结果义动词）

当动词为单音节结果义和持续义动词时，无论何种状语成分都不能对"了$_2$"的隐现产生影响。只要语义需要，"了$_2$"就必现。如：

对于细节，我<u>完全忘</u>了。（双音节状语+单音节结果义动词）

玩得开心，组织上交给的任务他<u>很快就忘</u>了。（三音节状语+单音节结果义动词）

这个小弟弟<u>刚才唱歌</u>了。（双音节状语+持续义动词）

那时大家一起<u>大声地唱歌</u>了。（三音节状语+持续义动词）

在状语成分中，有一类表"始终、一直"义的副词，本质上属于"无界"，与"了$_2$"的语义冲突，与"动作行为动词""了$_2$"同现时情况较为特殊，我们现在来具体分析一下。

"无界义"副词可分为三类（参考《现代汉语副词分类实

用词典》①）：

第一类："根本、压根儿、光、净"这类副词兼有表程度"完全、根本"和表时间"始终、一直"语义，所以在与"了₂"同现时，不受任何条件限制。如：

> 我根本忘了。
> 那时候，他光顾玩了。
> 我们说话的时候，你净打岔了，当然不记得。

第二类："向、向来、从、从来、素来、生平、一向、自来、至今"。这类副词的基本语义是从过去到现在的持续状态，而且常常做句子的核心语义成分，与"了₂"的变化语义相冲突，所以无法与"了₂"同现。因此我们不能说：

> 我向来吃得很多了。×
> 我至今无法忘记他了。×
> 我一向不喜欢学习了。×

第三类："总、一直、终日、终天、始终、老、老是"这类副词也表延续状态，但是其语义义素中没有明确的时间起止限制，具有"无界义"。这些词在进入句子平面时必须同现"现在""最近"等词，用来提示事态由过去到现在的变化，才可以与"了₂"同现。请看下面的句子：

> 他老来上海了。×（限制）→他<u>最近</u>老来上海了。√

---

① 参见姜汇川《现代汉语副词分类实用词典》，对外贸易教育出版社1989年版。

他总按时下班了。×（限制）→他现在总按时下班了。√

"一直、终天、终日、始终"这几个副词与"了₂"同现往往没有字面上的时间限制，却一定要有上、下文语境中表过去时间段的制约。如：

甲：他刚才去哪儿了？乙：我一直在家打游戏了。
甲：你昨天去图书馆了吗？乙：我始终在图书馆看书了。

第六节　补语成分和"了₂"的隐现

补语成分因为语义本身即为补充说明动作的状态和结果，所以对"了₂"的隐现有较大的影响。表动作结果的结果补语或复合趋向补语、含结果义的程度补语都能转喻"了₂"，使其自由隐现，我们将这些补语统称为"结果义"补语。

一　"结果义"补语与"了₂"的隐现

首先需要说明两个问题，一是"结果义"补语是指含结果义的趋向补语、程度补语和结果补语，这与"结果补语"并不是相同的概念。二是我们选择了三类动词分别与这些"结果义"补语结合，来考察"结果义"补语与"了₂"隐现的关系。这三类动词中，第一类是双音节结果义动词，如"切除、侵略、驱逐、屈服、取得、取消、缺乏、确定、扰乱、丧失、死亡、失败、失去、收获、树立、衰亡"等。第二类是单音节结果义动词，如"忘、死、夺、分、裂、漏、赢、输、灭、塞、删、赚、赔、锁、晕、闭、病"等。第三类是持续义动词，如"看、听、读、写、学习、唱、照顾"等（关于这三类动词的分类，参见第三章第二节）。

因为结果补语是"结果义"补语中最大的一类，对"了$_2$"的隐现的影响也最直接，本书对此尤为关注。研究表明，在结果补语内部有两类补语对"了$_2$"的转喻情况很不同，现在我们分类来看一看。

（一）结果补语的类型

1. 有宾型结果补语：一般由"到、给、在"等动词或"向、往"等介词加宾语构成。如：

> 老师最终将答案写在黑板上。
> 我们将小狗送到宠物收容所。
> 我们将考卷交给老师。
> 他绷着脸，走向柜台的另一头。

在这些句子中，动词后的补语成分是由动词和介词加上它们的宾语组成的。如第一个句子"黑板"是"在"的宾语；第二个句子中"宠物收容所"是"到"的宾语；第三个句子中"考卷"是"给"的宾语；第四个句子中"柜台的另一头"是"向"的宾语。这些补语，我们称之为"有宾型结果补语"。

2. 无宾型结果补语：可以是动词，如"完、住"等，也可以是形容词，如"好、干净、清楚"等。这些词在做结果补语时一般自身无宾语。如果后面有宾语，那么这个宾语不是这些补语成分的，而是句中谓语动词的。如：

> 我们已经写好这个汉字了。

她将玻璃擦干净了。

她紧紧地握住了我的手。

她画完那张风景画了。

这些句子中,"汉字"不是"好"的宾语,"玻璃"不是"干净"的宾语,"手"不是"住"的宾语,"风景画"也不是"完"的宾语。这种类型的补语,我们称之为"无宾型结果补语"。

这两种补语在对"了$_2$"转喻时,需要的条件很不同。一般"无宾型结果宾语"的句子只能处在叙述过去的连动语段中,前后有小句说明时态或事情的前因后果,才能够使"了$_2$"不出现。而"有宾型结果补语"则没有这种限制,对"了$_2$"的转喻显著度高,自由度也最高。当它们转喻"了$_2$"时可以出现在语段的首句,中间和末尾句,也常可独立成句。

下面我们再来谈谈前边提到的动词与"结果义"补语结合后,"了$_2$"的隐现状况:

(二)"结果义"补语与三类动词结合情况的考察

1. 双音节结果义动词

含结果义的程度补语、表动作结果的结果补语或复合趋向补语在与双音节结果义动词结合后,能够转喻"了$_2$",使其自由隐现。

如:动词"消失"例。

程度补语:鸟儿也消失得无影无踪(了)。

有宾型结果补语:大冰山逐渐消失在温暖海域的海水中(了)。

无宾型结果补语:这只猫迅速地在我眼前消失掉(了),我都没来得及看清它的样子。

趋向补语:太阳在大山那边一点点儿消失下去(了)。

如：动词"解决"例。

程度补语：这件事情她解决得很彻底（了）。

有宾型结果补语：虎子费了很大劲儿，终于将分田的事解决到人人都满意的地步（了）。

无宾型结果补语：她先把家里的老小吃喝问题基本解决好（了），然后就出门打工了。

2. 单音节结果义动词

含结果义的程度补语、表动作结果的结果补语或趋向补语和此类动词结合时，能转喻"了$_2$"，导致其自由隐现。

程度补语：他把这件事忘得一干二净（了）。

老师把我的作文删得所剩无几（了）。

有宾型结果补语：下午匆忙时将三件行李忘在车上（了）。

我们走的时候，她将名单删到只剩下一页（了）。

无宾型结果补语：从那时起，我就将这些事都忘掉（了），重新开始生活。

我们将废邮件删完（了），就离开了办公室。

趋向补语：把那个字删下去（了），他就关上了手机。

3. 持续义动词

表动作结果的结果补语、趋向补语、程度补语和持续义动词结合时，可以转喻"了$_2$"，导致其自由隐现。

程度补语：他们把饭吃得一干二净（了）。

无宾型结果补语：海星包住贝壳的软体，把它从容不迫地吃掉（了），就游走了。

她唱完（了），就开始和大家狂饮起来。

有宾型结果补语：这么美的歌居然让他唱成这个样子（了）。

趋向补语：他吃进去那么多东西（了），却还在喊"饿"。

他高兴地唱起歌来（了）。

这里需要强调的是在持续义动词一类中，能够转喻"了$_2$"的趋向补语必须具有非常明显的"结果"义。如果说"在大家的鼓励下，他唱下去了"这个"了$_2$"一般就不可省，因为"唱下去"是动作的持续，并非结果，这和"他吃进去那么多东西"的完全表结果状态还是有差别的。而"他高兴地唱起歌来了"这个句子表示动作的起始和变化，"起来"在这个义项上是可以转喻"了$_2$"的，是动作从无到有的一种结果。所以"起来"和"下去"在动词"唱"后边对"了$_2$"的转喻也是很不同的。持续动词本身的结果义远不如结果义动词明显，持续义动词只有和"结果义"非常明确的补语结合后，转喻的显著度才会高，才能转喻"了$_2$"。

上面我们探讨了三类"结果义"补语和不同语义的动词结合后对"了$_2$"隐现的影响，有可能给学习者带来这样的误导，即只要是动词带含结果义的程度补语、结果补语、趋向补语就可以导致"了$_2$"的自由隐现。实际上并非如此，这些只是"了$_2$"自由隐现的必要条件，但并不充分，还需要其他的制约条件才能实现"了$_2$"的自由隐现。"动词+趋向补语""动词+结果补语""动词+（结果义）程度补语"如果要完全地转喻"了$_2$"，使其自由隐现，一般也要符合句外语境的条件限制。（具体论述参见本文第二章第三节）

二 转喻的显著度

动词和各类补语组合后,对"了$_2$"都可转喻,但显著度的高低却不同。可以分为三种类型来谈。

(一) 动词+有宾型结果补语

比较而言,"有宾型结果补语"的转喻显著度最高,如"油滴在地上""他倒在地上""他把画挂在墙上"这些结果补语因其对动作结果描写得又细致又准确,所以一般只需要有上下文配合就可以完全转喻,无须副词状语等其他附加条件。

(二) 动词+无宾型结果补语

在"动词+无宾型结果补语"中,有一种情况是句中动词的宾语也未出现。在只出现"动词"和"无宾型结果补语"的情况下,虽然可以转喻"了$_2$",但和其他"结果义"补语相比,显著度最低,此时常同现"了$_2$"。如"他玩腻了""他喝醉了""他吃多了"等。如果要实现"了$_2$"的隐匿,常需要一些附加条件,如:

1. "动词+无宾型结果补语"在"一……就"的紧缩复句中,可使"了$_2$"隐匿,如"他玩腻"——"他一玩腻(了)就开始哭喊","他喝醉"——"他一喝醉(了)就开始砸东西"。

2. "动词+无宾型结果补语"出现在一个充当宾语的主谓短语中要有汉语的表述。也可以省略"了$_2$"。如"这些人看见他喝醉(了),却没有人扶他起来"。但是如果只出现在语段中,则无法转喻"了$_2$",如不能说"他喝醉,就上床睡觉了",只能说"他喝醉了,就上床睡觉了"。

3. "动词+无宾型结果补语"出现在"把"字句、"被"字句中时,可使"了$_2$"隐匿。如"他把玻璃砸碎(了),逃了出去""他的手被火烧伤(了),正在治疗"。

4. "动词+无宾型结果补语"前出现"已经"类副词状语，也常可使"了$_2$"隐匿。如"这孩子已经想清楚，就让他去参加吧"。

这类"无宾型结果补语"中，"完"是个特例。一般来说"喝醉"的"醉"、"睡着"的"着"、"吃饱"的"饱"等补语和前边动词的结合非常紧密，搭配固定，都要强制出现"了$_2$"。但是"完"可以和很多动词组合成"动补结构"，它的语义也表完成，与"了$_2$"相同。所以"动词+完"在语段中常可以转喻"了$_2$"，如不可以说：

> 他玩腻，就上床睡觉了。×
> 他喝醉，于是开始砸东西。×

但可以说：

> 他玩完，就上床睡觉了。√
> 他喝完，于是开始砸东西。√

"无宾型结果补语"的第二种情况是出现了动词的宾语，如"写好字""看完书""洗干净衣服""吃饱饭"等，这种时候，只要该句子符合句外语境的制约条件，一般都可以转喻"了$_2$"。

(三) 动词+趋向补语

"动词+趋向补语"对"了$_2$"的转喻显著度很高。比较多地出现在这种转喻中的趋向补语是"起来""上来""过来""过去""下来"，如：

> 他一听到这个消息就高兴地哼起小曲来（了）。

小明向那只受伤的小狗跑过去（了），一把把它抱起来（了）。

从上面的分析中我们看到，结果补语或者趋向补语表示动作结果的程度深浅不同，使得它们和动词结合后对"了$_2$"的转喻度也不同。一般说来，表结果的程度越深，越清晰，转喻度越高，需要的附加条件越少，如"有宾型结果补语"和"趋向补语"，还有"动词+无宾型结果补语+宾语"。表示结果的程度越浅，越模糊，转喻度也越低，需要的附加条件也越多，如"动词+无宾型结果补语"。

另外，当单音节趋向补语"上、下"和动词结合后，只有出现在语段中间才能转喻"了$_2$"，一般不可出现在语段末尾。如：

她穿上棉袄，出去了。√
天凉了，她穿上棉袄。×

而双音节的"上来、下来、起来、出来"等一般无此限制，如：

她闭上双眼，回忆就像潮水一样涌上来。√
文王在世的时候，他们俩一起投奔周国，定居下来。√

第七节 "被"字句与"了$_2$"的隐现

在下面两个章节中，我们将选择和"了$_2$"的"有界"

"实现"的语义相近的两个句式——"被"字句和"把"字句,来研究它们和"了$_2$"的隐现之间的制约关系。"所谓'被'字句就是在谓语动词前有一个表示被动意义的介词'被'或由'被'组成的介词短语做状语的句子。"① "被"字句常说明某人、某事物受到某动作的影响而产生某种结果。在汉语口语中,"被"字句常与"了$_2$"同现。如:

> 不幸的是,他的发言内容被大家完全误解了。
> 这次所有的申请都被拒绝了。
> 鸡就这样被这只狗给咬死了。

在汉语中,有一些"被"字句不与"了$_2$"同现,有的则和"了$_2$"同现。我们通过语料统计分析的方法,来考察一下其中"了$_2$"隐现的规律。

我们在语料库中任意搜索 200 个只出现"被",而没有和"了"同现的"被"字句。我们称之为"被-了"字句。无论是"被-了"字句还是"把-了"字句,这种句子存在的前提条件是从语用功能上讲,不需要"了$_2$"来提醒事态变化。"被-了"具体可分为两种情况:一种是由"了$_2$"的转喻成分引起的"被-了"句,共 120 句;另一种是因"被"字句充当某种句法成分等其他因素导致的"被-了"句,共 80 句。我们下面分类来研究一下。

一 由"了$_2$"的转喻成分引起的"被-了"句

此种句子一般处在叙述的语段中,前后有其他小句呼应。

---

① 刘月华:《外国人实用汉语语法》(增订版),商务印书馆 2001 年版,第 753 页。

"了₂"的隐匿主要是因为句内有诸多要素可以转喻"了₂"。动词一般为双音节结果义或者带有含结果义的补语，时态为过去时，叙介一系列连续事件或过去一直以来的某种常规状态。常有"已经"或"了₁"伴随出现。较多出现于书面语体。具体可分为八种类型。为了凸显各类转喻成分转喻"了₂"的比例情况，我们对此类"被-了"句作了如图3-1所示的统计（与"把"字句分析同）：

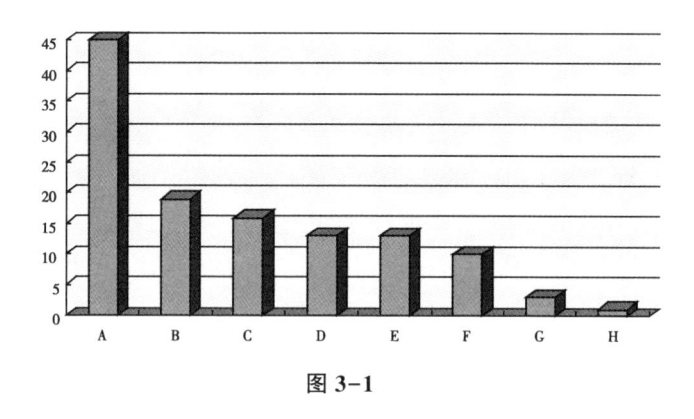

图 3-1

统计：A：45 B：19 C：16 D：13 E：13 F：10 G：3 H：1

A. 被+（名/代）+动+结果补语

他们被一些威严的哨兵挡在外边，完全不能进去采访。

我穿着花花绿绿的啤酒广告服，被公司安插在路口，开始了一天的工作。

南昌起义的队伍在南下途中失败，队伍多被打散。

刚入梦便被一阵的吱吱声惊醒，拉亮灯见是一群耗子在桌子上抢食吃。

这类的"动词+结果补语"组合有时还会是一些动词的惯用语，如：

我们悄悄溜出教室楼，不小心被吴老师撞个正着。

B. 被+（名/代）+动+（了₁）+趋向补语

第二天早上，我们便被叫了起来，赶往目的地。

球被踢了出来，可惜没有主力队员跟上去。

这只狗被带进来，惶恐地望着周围的一切。

C. 被+（名/代）+双音节结果义动词

我终于如愿以偿，被"中戏"破格录取，成了舞美系的一名学生。

他们的欺诈行为被电视曝光，我只不过是众多受害者的一员。

后来，白沟河干了，个体私营商业也被限制，白沟市场从此销声匿迹。

D. 被+（名/代）+动1+动2+名

百慕大三角区被认为是"魔鬼三角区"。

他1925年被德国政府逮捕并吊销护照。

我被选拔去参加一个省里的杂技团，后来又参加了全国的比赛。

E. 被+动+名/形

体育运动在那时被认为无足轻重。

他1952年被授予中华人民共和国元帅。

经过8年的折磨，他被处以火刑。

F. 被+动+程度补语

我们队里没有专业选手，我们被耍得晕头转向。

小姐被我吓得一愣一愣的。

我刚酝酿起来的那点坚强，被冲击得烟消云散。

G. 被+（名/代）+动+过

她曾因美貌被大款包养过几年。

那几个班的同学都被我打过。

H. 被+单音节动词

东跑池方向的日军被围,被六八五团打退。

通过上述统计,可见句中的动词及其相关成分对"了$_2$"实现了转喻,所以使其隐匿。同时从 A 类结构往后,每类动词及其相关成分的"结果义"的强度都呈逐渐降低的趋势,所以对"了$_2$"的转喻比例也随之越来越小。我们从上面每类中各抽取一个例句的核心部分,观察其中的动词及其相关成分,来具体分析一下:

A. 被一些威严的哨兵挡在外边
B. 被踢出来
C. 被电视曝光
D. 被德国政府逮捕并吊销护照
E. 被认为无足轻重
F. 被耍得晕头转向
G. 被大款包养过几年
H. 日军被围

从 A 类中的"被挡在外边"到 F 类中的"被耍得晕头转向",再到 H 类中的"被围",不难看出,"挡在外边"是结果补语,"耍得晕头转向"是含结果义的程度补语,而"围"只是一个动词。从 A 类到 H 类动词及其相关成分表"结果义"的语义强度呈逐渐下降趋势,同时与之成正比的恰巧也是这些例句在统计图中的数量比例。

二 其他类型的"被-了"字句

此类"被-了"字句可分为三种情况:

（一）由于整个"被"字句充当某种句法成分导致的"被-了"字句

此类"被-了"字句主要是由于"被"字句充当定语等句法成分或者其他句法成分的存在而形成的。主要有以下几类：

1. "被"字句做定语

你没有必要隐瞒自己已被其他学校录取的消息。
知道自己被拒绝的理由是很重要的。
他明白了自己被解雇的原因。

共25句，占此类总数的30%多。

2. "被"字句做状语

他被打后，在医院里躺了好多天。
当中美达成WTO协议的消息被世界各大媒体报道后，香港股市开始回升。
我奔波在一个又一个广告公司之间，人像被踢皮球似地踢来踢去。

3. "被"字句做主语或宾语

因此，MBA被看作通往财富的金桥就无可厚非了。
在那里，妇女们因性别而被歧视是非常普遍的。
贩毒分子最头疼的是被安检人员搜查。

"被-了"字句做宾语时的情况比较复杂，如果处在语段中，"了$_2$"可自由隐匿，如：

听说七岁小男孩被火烧伤，王佩君等专程来到汕头中心医院看望。

但是在语段末尾，"了₂"一般仍必须出现，如：

而罗瑞卿到昆明后，也听说他二人被叫到上海开会了。

(二) 因句中其他句法成分的存在而导致的"被-了"字句
1. "被"字句前有助动词"会、要、该、能、可能、得"等

我相信凭我的实力和独特的气质，总有一天会被导演相中。
否则我就不能再被别人称作导演，而导演是我热爱的事业。
在演艺圈，你稍不留神，就可能被卷入一股看不见的漩涡之中。
你这么做得被老师批评。

2. "被"字句前有"通常""正在"义副词
句中常有"通常、容易、一直、正在"等副词和动态助词"着"等标示时间状态。

其他的一些方法也通常被应用，如电话、传真、internet 等。
那篇文章因为描述不全面，而容易被人误解。
而名字又一直被人这么叫着。

他进屋一看，自己的电脑正在被别人占用着。

3. "被"前边有否定副词"没有"或"不"

一些顶级商学院都没被选为它的会员。
这种高端环保汽车的市场前景仍不被业内人士看好。

(三) 由于归属于某种特殊句式引起的"被-了"字句
"被"字句处在"是……的"句式中或者假设条件句中的第一分句中。

这只北极熊其实是被冻醒的。
假如你被录取，你就取得了比自己事先预想要好的结果。
既然被叫去帮忙，就要尽力而为。

另外，我们在"被+了"字句和"被-了"字句的对比中发现，即使是完全同样的句法结构中，动词和动词补语的"结果语义"强度对"了$_2$"隐现也有很大影响。如下面两组例子：
第一组：

大量急需的生产流动资金就被"贡献"了，企业逐渐失去了生机与活力。
诚实、憨厚的丈夫被感动了，竟然和妻子抱头痛哭。
女孩被这突如其来的变故吓傻了，半天才反应过来。
和人说：我们被历次政治运动搞怕了，要搞大动作实在太难。

第二组：

"文革"来临，这些活动在学校中全被取消（了），形成了空白和断层。

她被他的能言善辩和慷慨大方倾倒（了），很快为他献出了少女的贞洁。

我的所思所想好像一瞬间被抽干（了），只见他朝过道一指，嘴里说着什么。

妻吓得浑身发抖，不敢喊叫，狼狗被链子锁住（了），干咆哮也没办法。

比较一、二组句子，一组中的"了$_2$"一般很难舍去，因为动词"贡献、感动"和动补结构"吓傻、搞怕"的"结果语义"强度很低；而二组中的"了$_2$"自由度较高，因为动词"取消、倾倒"和动补结构"抽干、锁住"的"结果语义"强度较高，所以在此种语段中，"了$_2$"就可自由隐现。

第八节　"把"字句与"了$_2$"的隐现

除了上述对"被"字句的统计和分析外，我们还将"把"字句也作为考察的重点。"所谓'把'字句是由介词'把'构成的介词短语作状语的动词谓语句。"[1] 因为在"把"字句的动词谓语后边一般要带其他成分，说明动作的结果或影响，所以该句式也常与"了$_2$"同现。如：

---

[1] 刘月华：《外国人实用汉语语法》（增订版），商务印书馆2001年版，第731页。

他把鸡蛋吃了。

司机同志把老大娘送到火车站了。

老张把这本小说翻译成英文了。

我们想知道的是：在何种情况下，"把"字句中的"了$_2$"具备出现的条件，但是却可以被隐匿呢？我们在语料库中任意搜索 200 个只出现了"把"，而没有出现"了$_2$"的句子。我们称之为"把－了"字句。具体可分为两种情况：一种是由"了$_2$"的转喻成分因素引起的"把－了"句，共 111 句；另一种是因其他因素形成的"把－了"句，如"把"字句充当某种句法成分而造成的"把－了"句，共 89 句。我们下面分类来研究一下。

一　由"了$_2$"的转喻成分引起的"把－了"

此类共计 111 句。从句外语境的角度来讲，该句处在叙述的语段中，前后有其他小句呼应。"了$_2$"的隐匿是因为在句内有诸多因素可以转喻"了$_2$"。动词一般为双音节结果义动词或者带有含结果义的补语，时态为过去时，叙介一系列连续事件或过去一直以来的某种常规状态。常有已经或"了$_1$"伴随出现。具体可分为七种类型，统计情况如图 3-2 所示：

统计：A：56　B：18　C：10　D：9　E：7　F：6　G：5

A．把+名/代+动+结果补语

忽必烈把国内各个民族分成等级，实行民族歧视政策。

我跟他讨价还价，最后把这首曲子的价格压到 1.5 万。

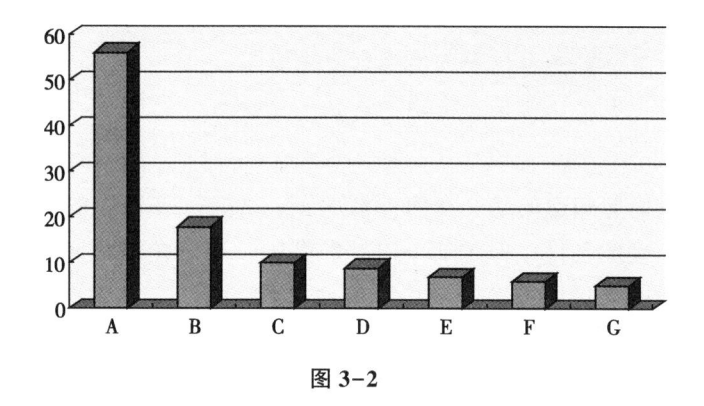

```
60
50
40
30
20
10
 0
    A    B    C    D    E    F    G
```

图 3-2

后来唐继尧把滇军赶走，朱德又离滇回到了四川。

利用公开的身份，把敌人主力团的团长拖住，为起义成功创造了条件。

B. 把+名/代+动+（了₁）+趋向补语

等我一看见他，他就把戒指拿出来，悄悄地套在了我手上。

说着，忙把口袋里的一包烟和十块钱交了出来，求大家放过他。

C. 把+名/代+动+程度补语

日军把几十万华北国民党军队驱赶得望风而逃。

仅此一项，就把农民压得抬不起头。

他把铜棍舞得呼呼响，一会打倒了五六个强盗。

此类型中，动词后的程度补语含结果义。

D. 把+名/代+动+（了₁）+名/代

他把电话给了我，让我和妈妈说话。

在中国，同样把发展学生智能作为教学改革的重点。

至今，他们还把期末考试叫作"审判"。

E. 把+名/代+双音节结果义动词

他们把敌人全部消灭，就彻底取得了战争的胜利。

他把重要的文件烧毁，又把这些灰烬掩埋了起来。

F. 把+名/代+动词惯用语

他把头一歪，转过身，呼噜就起来了。

飓风把几十万平方米内的马匹、房屋席卷一空。

这种试验把税率问题暴露无遗。

G. 把+名/代+动+了$_1$+动量补语

我把自己的条件说了一下，老板便让我唱首歌试试。

我把这件事跟领导汇报了一次，但领导还没做批示呢。

二 其他因素造成的"把-了"字句

此类共计89个，可分为以下三种情况：

(一) 由于"把"字句充当某种句法成分导致的"把-了"字句

1. "把"字句做定语

他知道了村民代表把他告到北京的事。

把他调到省文化厅的那位厅长已经退休了。

这个地区正经历着把农牧业挤向西北的过程。

2. "把"字句做状语

当他把这个好消息告诉我时，我几乎不敢相信自己的耳朵。

这个转发器把地球上传来的信号接收、放大后，再向预定地点播送。

他用井水把肚子灌饱后，就开始唱歌。

当"把"字句处在"当……时"结构中时,一般不能出现"了₂",当"把"字句处在"……以后"的时间状语中时,"了₂"可自由隐现。

3. "把"字句做主语或宾语

实际上,把油页岩从地底下开采出来再炼油非常麻烦。
不管怎么样,把人打伤就是不对的。
有一种处罚奴隶的酷刑,就是把罪犯钉死或吊死在十字形的木架上。

(二) 因句中其他句法成分的存在而导致的"把-了"字句
1. "把"字句前有助动词"要、必须、能、可能"等

我们打退敌人,但不要把敌人带进根据地来。
我们必须把以前浪费的时间补回来。
用普通锅做饭,得先把水烧开。

由于助动词的影响而导致"了₂"的隐匿,这类句子有24个,约占总数的1/4。

2. "把"字句前有设想义动词

"勇气"号和"机遇"号准备把该物体看清楚。
他们设法把敌人拖垮拖散。
他想把朱德赶出部队。

3. "把"字句前有否定义副词状语
牛顿也没把其来源和依据论证清楚。

她从来不把内心的痛苦向家人倾诉。
谁也没把老师的话当回事。

(三) 因为归属于某种特殊句式而形成的"把-了"字句

1. "把"字句在假设条件复句中充当第一分句

当时如果你把我叫来，我一定会反对。
即使把你的全部家产送上，也不能平息他的愤怒。

2. "把"字句处于"是……的"句式中

是我把这孩子送回家的。
是什么时候把饭做好的？

3. 某些祈使类"把"字句

快把师傅请到家里来。
把画框钉上啊。
把这个问题彻底解决好（了）。

在这一类中，除"好""完"做结果补语时，"了$_2$"可自由隐现外，其他情况下"了$_2$"均不能出现，因为事件处在将要发生的状态。

4. 某些兼语句类"把"字句

a 请帮我把衣服拿着。
b 他们请我把讲演进行完。
c 他们就让我把书抱进来（了）。

当强调将要进行某个动作时不能出现"了₂",如例句 a、b。当整体动作已完成时,"了₂"可自由隐现,如例句 c。

另外,有一类特殊的句式也很值得关注,如:

> 你干脆嫁了。
> 你马上吃了。
> 你们赶紧卖了。

这类句式似乎很奇怪,既不表示完成,也不表示变化,但却用了"了₂"。这其实是另一类省略后的"把"字句,具有祈使义,"了₂"在其中转喻"完、掉"等"结果义"补语。所以上面三个句子可以作如下转化:

> 你干脆嫁了。→你干脆把自己嫁掉。
> 你马上吃了。→你马上把米饭吃完。
> 你们赶紧卖了。→你们赶紧把衣服卖掉。

"了₂"在此种句子中,也可读作 lou。"了₂"的加入使这种句式增强了提醒的语气色彩。能进入此类句子的动词必须是及物的,并同时可以进入"把"字句的动词。不及物动词不能进入此类,如不能说:

> 你干脆走了。(×)
> 你马上出去了。(×)
> 你快点来了。(×)

三 比较"被-了"字句和"把-了"字句

（一）共性

通过对"把-了"字句的统计分析，同样可以得出与"被-了"字句相同的结论：当句中某些与动作相关的成分在表达"结果义"方面表达得更为具体、形象、生动时，"了$_2$"就不必出现。这两类句子最大的共同点是动词后的补语为结果补语时，"了$_2$"隐匿的概率都是最高的，其次是趋向补语、程度补语等。这可以证明：转指成分的"结果义"语义强度越强，转指"了$_2$"语义的显著度就越高，"了$_2$"隐匿的概率就较大。另外，需要补充说明的是：在我们的取样范围内，统计显示结果补语转指"了$_2$"的概率最高，但并不能因此断定所有的结果补语都能有效转指"了$_2$"，这尚需进一步研究。

上面两种句式中"了$_2$"的隐匿，主要是由其他转指成分的存在造成的，是典型的"语法转喻"现象，但是这种转喻通常离不开上下文语境的调控作用，足够的语境是这些成分能够转指"了$_2$"的基本条件，因为语境本身提示了时体意义，有助于这些转指成分显著度指数的提升，一般在单句中不能转指的也就能转指了。正如袁毓林指出："有了语境的调控作用，有时强制性的'句法规则'就等于虚设了。"[①]

（二）差异

在考察了"被"字句和"把"字句中"了$_2$"的隐现情况后，我们还发现它们之间最大的差异是：当单一的"持续义动词"进入"被"字句时，如果此"被"字句再去充当主语、

[①] 袁毓林：《谓词隐含及其句法后果——"的"字结构的称代规则和"的"的语法、语义功能》，《中国语文》1995年第4期。

宾语、状语或者定语时,"了$_2$"是可以自由隐现的。

> 被人打（了）总是让人觉得不愉快的事。
> 被人打（了）的滋味当然不好受。

同样的情形如出现在"把"字句中，就不同了，如果没有补语等其他转喻成分，"了$_2$"就是必现的。

> 把人打了总是让人觉得不愉快的事。
> 把人打了的事实让他无法狡辩。

这是因为"被"字本身的"被动义"隐含"实现义"，而"把"字为"处置义"，不隐含"实现义"。这种语义差别决定了"了$_2$"在此处的隐现规律是不同的。

第四章 "了$_2$"表主体状态的变化

请先看一组例句：

孩子大了。
头发白了。
今年二十一了。
春天了。

语气词"了$_2$"在这一类句子中表示"事态出现变化"或者"新情况的出现"。在此类句中，充当述题部分的核心语义成分不再是动词，而是非动词成分，如形容词、名词、代词、副词、数量词等。"了$_2$"的变化语义指向的是这些描述主体情状的成分，一般情况下为必现。"了$_2$"在时态上具有开始体的特征，它使这些描写静止状态的成分转入运动状态，使它们在某种程度上具有了动词的词性。因此本来可以出现的动词谓语无须再出现。如"到了冬天了"可变成"冬天了"。

第一节 （部分）名词+了$_2$

某些名词常单独与"了"同现，以表示事物的变化。例如"春天了""大人了"等。

这一类"了₂"句也被称为"NP+了"句式。邢福义指出:"能够进入这一结构的名词性结构必须具有推移性语义特征,处于一条前后推移的顺序链条上。"① 谭春健也指出:"在这条链条上,后一点都是由前一点演进、变化而来的,前一点为后一点的初始状态。比如可以说'大学生了'、'教授了',但不能说'桌子了'、'椅子了',就是因为'大学生、教授'处于由前点身份到后点身份演变的顺序链上,而'桌子、椅子'则没有初始状态。我们说'都朋友了,还这么客气!'这就是我们从'非朋友'进入'朋友'经历了一个时间边界。而我们不能说'母子了',因为此关系是天然形成的,不是由前一点关系演变而来的。1、2、3等数字自然也是构成一条连续的链条,每一点都可以找到递进的前一点为基础,因此除单一数字'0'以外,都可以进入'NP+了'类,体现数字的递进与积累,表示实体或数量在某种'量'上已经或将要达到某个数字,如'就要30岁了'、'四天了'。"②

我们认为,一般进入此类的名词性结构是要具有客观上的可变性。它可以是时间上的、数量上、方位上的、社会关系上的、身份上的、性状上的、品牌上的等。但是还要注意的是这种"可变性"和语境的关系极为密切。很多在通常情况下不可变的事物,在特定语境条件下变成可以改变的,依然可以进入此结构。如"电视了"单独来讲似乎不能成立,因为不具有典型的可变性,但如果说"哎呀,你们家有钱了,都电视了",在此,"都电视了"表示一种生活条件上的转变,句子就可以成立了。比如说单一的数字"0"一般不

---

① 邢福义:《说"NP了"句式》,《语文研究》1984年第3期。
② 谭春健:《句尾"了"构成的句式、语义及语用关系》,《汉语学习》2004年第2期。

能进入该格式，但如果说"这个孩子成绩下降很厉害，这次考试都0分了"就可以成立。所以一个名词性结构到底能不能进入该结构，还要结合语境因素来考察。

另外，因为名词是表人或事物的名称，而这种名称大都具有相对稳定性，与"了"的语义相矛盾。表示名词的变化常需要一些动词，如"是、变成、成为"等或形容词定语来补助表达，如我们不能说"朋友了"，而只能说"我们是朋友了"，或者以副词"都""已经"来表示其变化。一般还要有上下文语境的配合。如：

甲："我二十一岁了！"乙："哟！大人了！"
甲："我在医院工作二十多年了。"乙："老大夫了。"
甲："多谢你的帮助。"乙："都朋友了，还那么客气。"

这类句式常出现在语气较强的感叹句中。

此外，表时间或年龄的名词也常与"了$_2$"同现，如"年、月、日"等，但一般都以具体的时间限制语（如数字等）为同现条件，并且常常以"现在、已经"等作为状语成分。如："九九年了""已经十二点了"等。

专有名词在某些特定语境中，也可与"了$_2$"同现，表变化。如：

a 情景：在飞机上。甲："到哪儿了？"乙："长江了。"
b 情景：甲、乙在看历史书。甲："哪儿了？"乙："孙中山了。"

其他类名词，如"物品、属性"等一般不能单独与"了$_2$"同现，以上三类也常常被视为某些相关动词成分的省略。

第二节 （部分）形容词+了$_2$

此格式中，主语由各种具有可变性的名词或代词充当，谓语成分是由各种表形状、状态、性质的形容词和"了$_2$"组合而成，如：

年纪大了。
人老了。
时间不早了。

形容词与"了$_2$"一起陈述主语的变化状态，其格式主要有三种：

形容词+了
树绿了。花儿红了。
副词+形容词+了
天很黑了。房价相当贵了
形容词+补语+了
忙得头晕目眩了。累得快要吐血了。

其中，我们着重讨论最具代表性的句式"形容词+了$_2$"。汉语中，一般的形容词都可进入此结构。我们统计了《汉语水平词汇与汉字等级大纲》①中甲、乙两级3000个常用词中全部近500个形容词，不可在该格式中充当谓语的大致有以下几类情况：

第一类：非谓形容词，如"所有、大量、大批、初级、许多、一切、单、花、真正、主要、男、女"等。这些形容词只能充当定语，不能出现在谓语的位置上，故不可与"了$_2$"同现。

第二类：不能单独做谓语的形容词，如"大概、特别、彻底、确实、突然、基本"等不能单独与"了$_2$"同现。

还有一类形容词，语义上缺少变化性或不易产生某种变化，需要在其前面加上表时间变化和表程度的副词才可与"了$_2$"同现，如"伟大、残酷、优秀、耿直、幸福、抽象、宝贵、反动、悲痛"等。请看下面的句子：

a 他伟大了。×—a′他在我心目中越来越伟大了。
b 他耿直了。×—b′他现在真的很耿直了。
c 他悲痛了。×—c′他已经很悲痛了。

a、b、c句不成立，转换以后的a′、b′、c′三个句子则可成立，这是因为"伟大、悲痛、残酷"较之于"冷、热、高、低、大、小"这些形容词，多为对一种状态的描述与形容，缺少界变性特征，所以必须借助于时间副词和程度副词的限制，才可与"了$_2$"组合。

当"形容词+了$_2$"表变化时，如果有"越来越"做状语，"了$_2$"也可自由隐现。因为"越来越"本身的渐变语义可以

---

① 参见国家汉考中心《汉语水平词汇与汉字等级大纲》（修订本），经济科学出版社2001年版。

转喻"了₂",如:

> 她的穿着越来越时尚。
> 这个地方越来越繁华。

另外,"起来、下来"这两个复合趋向补语在表示其引申义时,也可转喻"了₂",但一般需要"一天天、渐渐"这样的表"渐变"的状语作为辅助条件。

> 她的病一天天好起来。
> 在教练的帮助下,他的速度逐步快起来。
> 天渐渐黑下来。

第三节 代词+了₂

代词共分三类:人称代词("你、我、他"等)、指示代词("这儿、那儿"等)和疑问代词("谁、哪儿、怎么"等)。除指示代词和疑问代词可进入该句式外,在一定表次序和轮换语境的配合下,人称代词也可进入此结构。如:

> 情景:排队等待买票。甲:"谁了?"乙:"我了。"

这些代词与"了₂"同现以后,整个句子表示在时间、地点次序上或状态上的一种移动变化。

第四节 数量词+了₂

数词和量词组合以后,都可以进入此结构。其中,量词包

括名量词("个、本"等)和动量词("次、遍"等)。这种组合一般表示事物或动作行为在量的方面的增减。如:

　　甲:有几个了?乙:三个了。
　　甲:看几遍了?乙:五遍了。

第五节　(部分)副词+了₂

　　当"了₂"表示事情完成并兼表事态变化时,副词一般都可进入"动词+了₂"的格式。另外,我们也常以"副词+了₂"独立成句的方式来说话。我们统计了《副词分类实用词典》中的861个副词,有8个副词可以出现在"副词+了₂"的独立格式中,即:

　　A:差不多了、不了、不必了、不用了、快了
　　B:简直了、绝对了、当然了

　　其中A组中的"了₂"表提醒事态将要变化,这些副词和"了₂"之间一般是因为语境的提示作用而省略了某些动词,如"差不多装好了""不用来了""快写完了"等。B组则有所不同,如:

　　a 甲:他昨天半夜才下班回家。乙:简直了,真能干!
　　b 甲:电影怎么样?乙:绝对了,你没去真遗憾!

　　在这两句中,"简直了"和"绝对了"都表示达到了一种极、最的程度,可视为在这两个副词后边省略了某些表感叹的

形容词。如 a 乙中"简直了"可视为"简直太敬业了"的省略形式。"了$_2$"在这三个副词后的语义等同于"太+形/动+了$_2$"中的"了$_2$",表确定某状态的超常变化,并增加感叹色彩,也可以替换为"啦"。

从前面的分析中,我们发现,汉语中所有的实词词类都可以有部分或全部词汇与具有变化义的"了$_2$"相组合。而当形容词、代词、名词、副词、数量词与之单独同现时,还常可视为动词等成分的省略。

第五章 "了₂"表提醒听话人事态将要变化

当"了₂"表提醒听话人事态将要变化时，通常和其他词语构成如下句式：

第一类：（表可能、要求、愿望类）助动词+动词+了₂

　　我们该走了。他能来了。

第二类：不+动词+了₂

　　我不去了。我们不走了。

第三类：将要义副词/助动词"要"+动词+了₂

　　火车马上开了。飞机要起飞了。

第四类：动词+了₂↗

　　上课了。↗吃饭了。↗

第五类：我（们）+动词+了₂↗

我们走了。↗我们回去了。↗

第六类：不要/别+动词+了$_2$

别喊了。不要说了。

第一节 （表可能、要求、愿望类）助动词+动词+了$_2$[①]

出现在此句式的助动词是指帮助动词表示需要、可能或愿望的词。可分为四类：第一类是表示可能的，包括："能、能够、会、可以、可能"。第二类是表情理上需要的，包括："应该、应当、要、该"。第三类是表必要的，包括："必须、得"。第四类是表主观愿望的，包括："要、想、敢"。

他能来了。
我们该走了。
他愿意参加我们的活动了。

表"可能"的助动词和"了$_2$"同现时，存在着以下这些较为特殊的语义现象，值得关注。

一 表示可能性的助动词+动词+了$_2$

先请看表5-1中的句子（以动词"来"为例）：

[①] 参见王巍《"助动词+动词+了"的语义、语法关系刍议》，《汉语学习》2000年第2期。

表 5-1

助动词	+动词（来）	+ 了
a. 能	a_1 他能来	a_2 他能来了。
b. 能够	b_1 他能够来。	b_2 他能够来了。
c. 可以	c_1 他可以来。	c_2 他可以来了。
d. 会	d_1 他会来。	d_2 他会来了。（×）
e. 可能	e_1 他可能来。	e_2 他可能来了。

其中，a_2、b_2、c_2 都是合乎逻辑的，都可作以下的层次分析，如：a_2

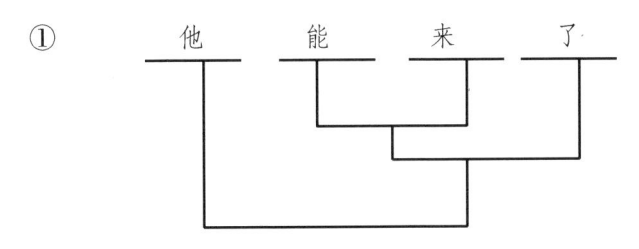

① 他 能 来 了

而 e_2 的内部结构则可表示为以下两种不同的语法层次：

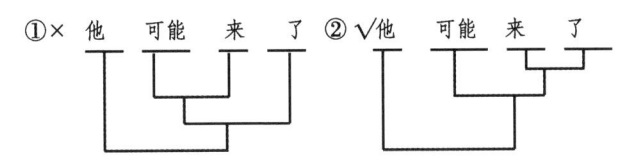

①× 他 可能 来 了 ②√ 他 可能 来 了

很明显，在 e_2 与 a_2、b_2、c_2 一样的①层次分析下，这种组合是不能成立的。我们可以说 c_2 "他/可以来//了"，但是我们不能说 e_2 "他/可能来//了"。但在②的层次分析下，这种组合是成立的，即："他/可能//来了" 中的 "可能" 所判断的对象是 "他已经来了" 这个已经发生的情况。这种现象的产生是由 "可能" 和 "了$_2$" 这两个词的语义特殊性引起的。一方面，"了$_2$" 同时兼有表事情完成和情况变化的两种功能；另一方面，虽然 "可能、能、可以" 都可以表示行为的可能性，但是在可能性的梯度上都不处在同一水平线上。我们以图5-1来说明"可能性"的梯度：

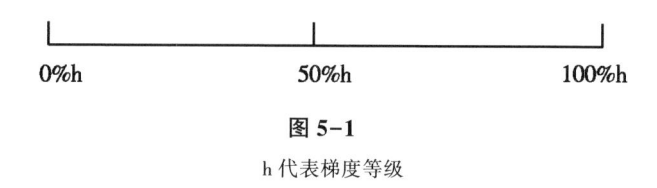

```
|————————————|————————————|
0%h           50%h         100%h
```

图 5-1

h 代表梯度等级

如果我们把"可能性"的语义强度划分为三个等级，"能、可以"处在100%h的最高梯度上，它们所阐释的可能性具有唯一性。而"可能"处在达到或略超过50%h的梯度上，所以当它和动词组合时，即"可能v"本身具有解释的双向性，即可能v，也可能不v，这是一个变量。因而在"可能v+了$_2$"中，"了$_2$"的变化语义是对一个变量的变化判断，这是无法进行的，故而无法成立。而当"了"表示已然发生义时，即"v+了$_2$"已完成，"可能+（v+了$_2$）"中"可能"是对后面这个确定量的可能性估计，则可以成立。由此推理出，e$_2$只有在②的层次切分下是成立的。与此相反，"能、可以、能够+v"这一结构的可能性高达100%h，是一个不变量。所以与"了$_2$"组合后，"了$_2$"对不变量进行变化与否的判断是可以成立的。

根据表5-1中所列，"会+动词"和"可能+动词"一般不能与表变化义的"了$_2$"结合。"可能"是由于上一段所述原因不可以与之同现。而"会"的语义是表对将要发生的事情一种肯定的判断，后边常同现表确定语气的"的"。说话人用"会+动词"来坚持自己的观点，这种对事态发展的判断对说话人而言是非常确定的。这关乎说话人的立场和态度，是不允许有任何变化的。这与"能、可以"这两个表"可能"的助动词有所不同，"能""可以"常表一种客观条件上的可能性，这种条件是可变的，所以可以同现"了$_2$"。现在我们把代表

"会+动词"的例句 d_2 和代表"可能+动词"的例句 e_2 分别加入别的状语成分予以转换,再来看看可否成立:

a_1　他不会来了。b_1 他不可能来了。
a_2　他很快会来了。b_2 ×他很快可能来了。

很明显,"会"和"可能"都可通过某些副词的限制与表变化义的"$了_2$"同现。这种现象的产生如果单从形式的角度来考虑,很难做出令人满意的解释。但从语义的角度看,"不"和"很快"这两个状语的加入使"会+动词"这一结构中加入了很多可变因素,而副词"不"还可使"可能+动词"这一结构本身的语义不确定性变为确定性,如此改变后,就都可同现"$了_2$"了。这归根结底是因为汉语中表"可能"的助动词在意义和程度上存在着细微差别,正是这种语义差别制约着它们和"$了_2$"的同现规律。

二　"助动词+动词+$了_2$"中的两种结构层次

"(表可能、要求、愿望类)助动词+动词+$了_2$"这一结构模式中普遍存在着两种结构层次。现在我们以动词"来"为例,分类看看其中的问题(见表5-2):

表5-2

助动词	助动词+(动词+$了_2$)	(助动词+动词)+$了_2$
a 表情理上需要的	√(应当)应该/来了	√(应当)应该来/了
	×要/来了	√要来/了
b 表示必要的	×必须(得)/来了	√必须(得)来/了
c 表主观愿望的	×(要、想、愿意)敢/来了	√(要、想、愿意)敢来/了
d 表可能性的	√可能/来了	×可能来/了
	×(能够、会、可以)能/来了	√(能够、会、可以)能来/了

通过以上分析发现，可以归入"助动词+（动词+了$_2$）"的层次构造中的助动词为"应该、应当、可能"；可以归入"（助动词+动词）+了$_2$"的为除了"可能"以外的所有助动词。这是由"了$_2$"的两种语义变体和其与助动词的关系造成的。因为部分助动词如 a、d 中"应该""可能"，它们可以对已然动作"v+了$_2$"（"了$_2$"表已发生）进行可能或需要上的判断，所以产生了"助动词+（动词+了$_2$）"这一结构体。另外，以"了$_2$"的变化语义为基础，也可以对整体行为的可能性等情况进行说话人主观判断的变化表述，所以又产生了第二类结构体"（助动词+动词）+了$_2$"。

我们还发现，当"了$_2$"与"吃、喝、用"等为数不多的可使"了$_2$"产生"完了"意义的动词组合时，"助动词+动词+了$_2$"都可以作两种结构层次分析，请看下面的句子：

  a 你得吃/了。 a′你得/吃了。
  b 他可以吃/了。b′他可以/吃了。

这种情况的产生也是由"了$_2$"在与某些动词结合时，其词义的多样性造成的，需要在具体的语境中加以识别。

第二节　不+动词+了$_2$

"不+动词+了$_2$"也可表示某种决定或行为状态的变化。动词一般具有自主性特征。如：

  我不要了。(以前要，现在不要)
  他不去了。(以前去，现在不去)
  他不浪费了。(以前浪费，现在不浪费)

如动词具有自主性特征时①，如上述各例句，则多表示主体的主动改变。如果动词是非自主性动词时，很多句子则不成立，如我们不可以说"我不死了""我不病了""门不坏了"。有的则表示某种状态的变化，如"花不开了""灯不亮了"。

这种格式在不同语境中可表两种变化，第一种是"以前"和"现在"的比较变化，如以上三个例句所示的差别。第二种变化则存在于下面的语境中：

a情景：主人送客人出门。甲："我送送你吧！"乙："不用送了。"

在这里，乙的回答并不表示"以前用送，现在不用送了"，而是针对人们的常规性礼节"客人离开时应该出门送送"这一习惯而发出的一种反常规的信息提示，以劝止听话人，再看下面的例子：

甲："一起去公园吧！"乙："不去了。你们去吧！"

在这个例子中，乙的意思也并非表示他以前想去，现在改变了。"了$_2$"的变化是指说话人意识到自己的行为将与听话人的行为与期待"去公园"发生背离，所以在这种情形下也可以使用"了$_2$"的变化语义来表达，同时增加了委婉的表达效果。

---

① 参见马庆株《自主动词与非自主动词》，见《二十世纪现代汉语研究资料丛书》，商务印书馆2005年版，第224页。

第三节　将要义副词/助动词
　　　　"要"+动词+了₂

在"将要义副词/助动词'要'+动词+了₂"这一句式中，常见的变体有"快……了""要……了""快要……了""就要……了""将要……了"。

在这五种格式中，"了₂"的语法意义都是表变化，这种变化也是由这些副词和"了₂"共同实现的。因为"就、快要"这些副词本身就有"提醒事情将要发生变化"这样的语义，变前项与变后项的语义差别并不明显，所以"了₂"的作用是辅助性的，而且它具体体现在每一个格式中的语法功能也不尽相同。如：

　　　　a 飞机要起飞/了。
　　　　b 飞机将要起飞/了。
　　　　c 飞机就要起飞/了。
　　　　d 飞机要落/了。
　　　　e 飞机将要落/了。
　　　　f 飞机就要落/了。

观察a、b、c这三个句子，如果删除"了₂"，整个句子的意义没有什么变化，仍可独立成句。"了₂"的出现强化了变化语义，在语气急促的情景中可省。但是如果动词为单音节时，如：d、e、f句中，删除"了₂"后，d句尚可成立，但e、c句则不可成立。"将要落"和"就要落"都是三个音节，所以需要"了₂"来补足音节成双音节。下面让我们再来看看"快要……了""快……了"。

g 快吃饭/了。
h 快要考试/了。

在 g、h 例中,"了$_2$"删除后,"快吃饭"则变成了一个命令式的祈使句,"快要考试"的意思与原句没有冲突,却无法独立成句。所以在"快……了""快要……了"中,"了$_2$"又有了改变句义和使其独立成句的作用,无论如何不可省。

其他词类是否可以进入此格式?答案是肯定的。在第四章中我们提到的能进入"NP+了"句式的名词、形容词、数量词、代词都可进入此格式。但代词只能和"快……了"结合,如:

情景:一些考生在考场外准备面试。甲刚从里面出来。甲:"快你了,准备吧!"乙:"好的。"

而我们却不可以说"要你了""就要你了"等。

数量词唯独不能和"要……了"结合,如我们不能说"要三个了",而只能说"快三个了"或者"快要三个了"等其他形式。

从句法功能的角度来看,"将要义副词/助动词'要'+动词+了$_2$"结构可以做谓语、定语、补语。当做定语时又可以分为两种情况:

第一种,修饰主语和宾语时,"了$_2$"一般可自由隐现。

快要吃到嘴(了)的鸭子飞了。
就要开始(了)的比赛将会十分精彩。
他不能接受帝国即将灭亡(了)的现实。
乘客们都想在第一时间逃离这架快要坠毁(了)的

飞机。

第二种，在做定语时，如果"将要义副词/助动词'要'"和"了$_2$"之间的其他成分比较繁复，那么兼顾语言的节约性原则，"了$_2$"一般要隐匿。如：

> 他是一个将要被组织委以重任的人。
> 这些就要被秦始皇土淹坑埋致死的儒生们还全然不知情。

我们一般不会说：

> 他是一个将要被组织委以重任了的人。×
> 这些就要被秦始皇土淹坑埋致死了的儒生们还全然不知情。×

第四节　动词+了$_2$

"动词+了$_2$"在这里并非表动作已发生或实现。恰恰相反，它表示说话人在向听话人提醒现在应由一个状态进入另一个状态。整句的语调为升调。如：

> 吃饭了！
> 上课了！
> 开会了！

"了$_2$"除表事态变化以外，还有将语气由命令转化为呼唤、提醒的作用。这一点根据变前项与变后项的比较可以看出来，如"吃饭—吃饭了""上课—上课了""开会—开会了"。如果只是说"吃饭！""上课！""开会！"口气急促，而且有命令之意。进入此结构的动词常常是个较封闭的类，如"吃饭、上课、睡觉、起床、喝茶"等常见的表具体动作的动词。但并非所有动词都可进入此结构，使用这一格式要受到以下条件的限制：

其一，一般来说，说话人所要提醒的动作是一个群体行为，而非个体行为。说话人一般已经进入或准备进入这一行为状态，或者是他/她的职责就是唤起大家对这件事的极大关注。当说话人说"上课了！"时，我们即使不了解对话发生当时的语境，也能推测出说话人的身份应该是老师、同学、校长或学监等，一般不可能是和这件事不相干的陌生人。

其二，听话人在听话当时并没有像说话人感觉那样应该进入或完全进入这一行为状态。提醒的目的在于使听话人从 A 状态进入 B 状态。

其三，说话人并非单纯地在传达信息或要求，而是有目的地呼唤，有强烈的提醒色彩，强调听话人的状态应该改变，需要信息回馈。

所以我们不能以这样的方式来表达祈使要求，如"转告他了！"因为"转告"的行为通常不是一个群体行为，而且说话人自身并没有参与进去。心理动词不能进入此结构，如"爱、怕、想、喜欢"等，很多表示行为的动词，如"表示、拥护、通过、禁止"等一般也不可进入。另外，"动词+了$_2$"还需具有以下的语法特征：

不能用"请"或"吧"来表祈使。如不可说：

请吃饭了吧。×
请进教室了。×

开车了吧。×

动词前边除"马上、现在、快、立刻"等表时间紧急的词语，一般无其他状语成分。

动词后也可出现有积极意义的结果补语成分，以表示期许。如：

吃饱了（la/lou）。
大家喝好了（la/lou）。

在使用中，"动词+了$_2$"的"了"字发音要以延长或变化（变为 la/lou）来区别于其表动作已经发生的另一个语义变体。

第五节　我（们）+动词+了$_2$

我们在第三章已经提到："我（们）+动词+了$_2$"也常常用于提醒、告知说话人事态将有所变化。例如：

我走了。
我们去听听他们在说什么了。
我现在去医院了。

这些句子里，"了$_2$"不表动作已经发生，而是提醒听话人将要变化，所以将此格式归为这一义类中是合适的。这一类句子的共同特点是主语为第一人称单数或复数，常为说话人自己，故在一定的语境中可隐，而且动词后面还可出现宾语或补语。补语常为数量（时量、名量）补语，结果补语或程度补语因为一般不能表述这一将要发生的动作状态,所以一般不能以"我(们)+动词+结果补/程度补+了₂"来提醒听话人事态将要变化。如不可以说:

> 我吃完饭了。×
> 我吃得很饱了。×

这两个句子在表达动作已发生和描述动作结果时,是可以说的,但是此语义不是本句式所指的"提醒将要变化"。语调也就不是升调了。

又因为提醒听话人时说话人语气急速,语句短小,所以在这一格式中除了"马上、尽快"这样表催促的副词或者"现在、一会"此类的时间词做状语,一般不会出现修饰性的状语成分。如:

> 我很快地回家了。 ×
> 我们一步步地上楼了。 ×

第六节 不要/别+动词+了₂

"不要/别+动词+了₂"表劝阻或制止某种行为继续。在吕叔湘《中国文法要略》、赵元任《汉语口语语法》、丁声树等《现代汉语语法讲话》、朱德熙《语法讲义》中都已达成共识:"别"是"不要"的合并形式。朱德熙《语法讲义》,吕叔湘《现代汉语八百词》,北大中文系55级、57级《现代汉语虚词例释》等更将其视为一个词。王红旗对此曾有过较为详细的论述①。综合考察后，我们认为"不要/别+动词+了$_2$"主要有以下三类语义：

第一类：劝阻或禁止开始做某事。该结构的语音形式为"不要/别+动词+了$_2$（le）"。如"别去了""不要拿了""别打开了"。

第二类：劝阻或禁止继续做某事。如"别哭了""别切了""别玩了"。

第三类：提醒注意避免发生某事。如"别病了""别着火了""不要丢了"。

此类句子的句重音在动词上，语音形式通常为"别+动词+了$_2$（lou）"。

我们的研究表明，"别+动词+了$_2$"中这个"劝止"的语义是"别"产生的，不是"了$_2$"，因为去掉"了$_2$"，"别+动词"仍是劝止语气。但是如果去掉"别"，就变成"动词+了"，那么劝止的语义也就消失了。如果只是说"别吃"，就是说"吃"的动作还没发生，要求听话人保持原来的状态。但是"别吃了"可能指两种情况：A. 正在吃时，被要求停止下来；B. 听话人并没有吃，但是打算吃。是不是所有动词都是如此呢？我们再来看"别毕业了"这个句子不可能产生"A. 正在做"的语义，只能表示"B. 打算或计划去做"。因为"毕业"这个动词是结果义动词，不能持续。那么能产生这A、B两种语义的就只是那些持续义动词，如"学习、看、睡觉、打字"等，而像结果义的动词"离婚、丢失、遗忘"等进入此结构时只能实现B语义，而非A语义。

---

① 王红旗：《"别V了"的意义是什么——兼论句子格式意的概括》，《汉语学习》1996年第4期。

"别+动词+了"在表达第一类劝阻或禁止开始做某事时,语境背景为听话人正打算做某事。在表达2类劝阻或禁止继续做某事时,语境背景为听话人正在做某事。在表达3类提醒避免发生某事时,语境背景是所述事件均为令人不快的。

王红旗(1996)还指出:动词因为语义特征的不同,在进入该结构后可能实现四个语义中的其中一两个或全部。那些能进入第一类的动词一般为自主动词,因为自主动词是有意识地做某事,因此"不要/别+自主动词+了$_2$"才能表示劝阻此动作的开始,不具有自主性的动词,如"死、塌、病、伤、晕"等,这些都是主体意识不能左右的,因此也不能靠人为意志劝阻。能进入第二类劝阻或禁止继续做某事的动词都具有可持续性特征。非持续性动词则不能表示"劝阻或禁止继续进行"的意思,如"死""离婚""毕业"等动词本身不具有可持续性,所以"别+非持续性动词+了$_2$"就只可表示劝阻该事情不必或不该开始。能进入第三类的动词都具有非自主的特征。因为非自主动词通常是无意识的或者不可控制的,所以说话人才提醒听话人注意避免某些不可控的不良事件的发生。容易疏忽的往往是令人担心,但却很难左右的事情。如"病、烫、丢、醉、糊、塌"等。

另外,我们还对形容词进入该结构的情况进行了调查,具体可分为以下三类:

A:别忙了。别迟了。别过分了。
别娇气了。别马虎了。别落后了。
B:别小了。别近了。别大了。
别细了。别高了。别低了。
C:别笨了。别聪明了。别漂亮了。
别冷了。别杰出了。别好看了。(×)

显然，A组的句子都是可以成立的，B组在一定的语境条件下也是可以成立的。C组则不可成立。根本原因在于A组形容词是要通过主体的动作来实现的，具有一定的行为自主性，常可以视为某些动词成分的省略，如"别来迟了""别做得过分了"等。A组的形容词常为贬义的，我们通常不会说"别流利了""别可爱了""别干净了"。"流利、可爱、干净"等褒义词在此格式中是不合适的。而B组的形容词既非褒义，也非贬义。如果用来描写某个物体的自然性状时是不可控的，不可进入该格式。但是如果用来描述一种行为动作的程度，则是可控的。如某人正在往墙上挂一幅油画，下面帮忙的人就可以说"别高了"或者"别低了"来提醒听话人。此类句子需要一定的语境支持，才可成立。C组形容词所表示的一般是自然存在的状态，具有不可控的语义特征，当然也无法进行劝阻，所以都是不成立的。总之，综合分析A、B两组的形容词后，可得出结论：能够进入"别+形容词+了$_2$"结构的形容词具有 [+可控，+贬义，-褒义] 或者 [+可控，-贬义，-褒义] 的语义特征，当形容词为 [+可控，-贬义，-褒义] 的语义时，需要一定的语境条件配合才能进入此结构。

第六章 "了₂"表对原词词义和词性的改变

"了₂"在句法平面表现的变化义，除了以上分析的情况外，还体现在其构词功能上。它可以作为自由语素与其他语素一起构成新的合成词，改变了变前项中原词的词义和词性。

常见的这些词语是：完了、糟了—糟糕；对了—突然想起某事；好了—劝止或使结束；算了—作罢、不再计较；得了、行了—劝止；罢了—如此而已，把事情往小里说，勉强作罢；死了—非常；极了—非常。这些词常作为句前、句中、句尾的插入语出现。"死了""极了"则常作为程度补语使用。

由"完—完了、对—对了、好—好了、算—算了"这些变前项和变后项的比较发现，"了₂"改变了变前项的词义，也因此改变了其充当句法成分的能力，使其由动词、形容词所具备的特点转变成为插入语。在"罢—罢了、极—极了"两个例子中，"了₂"还使非独立语素转为独立语素。在这些合成词中并非只起到语缀的作用，它所指的变化是一种构词平面的转化功能，充分反映了其语义表现的多样性。

这其中需要更多关注的是如何区分"算了、得了、行了、好了、罢了"。

因为这五个语义上共通的词语都含有放弃和停止的语义。并且在语用层面上，都有转换话题的功能。那么细微差别在哪儿呢？我们来分别考察一下。

第一节 "得了"语义、语法分析

得了（de le）：在对"得了"语料库的考察中，我们共发现三类义项：

第一类：表示要求停止，相当于"行了"、"算了"。例：

> 得了，听你的。
> 得了，你别去了。
> 得了，去南京吧。
> 得了，你呀，还十几年的共产党员呢，怎么婆婆妈妈的。

在这个义项中，"得了"一般可以和"算了、行了、好了、罢了"互换，都表示劝止，但细微差别在于："算了"和"罢了"更倾向于"彻底放弃"；"罢了"还有书面语的色彩。

第二类：助词，用于句尾，表示肯定语气。例：

> 你放心得了，这里有我呢。
> 给他加几盒火柴得了，真正昆明货，一划就着。
> 一会他就来了，你问她得了。

在这个义项中，唯有"好了"能在任何条件下替换"得了"，但此二者之间有细微的语义差别，如果说"给他加几盒火柴得了"，其中"得了"有"干脆、尽快结束"的意义，而如果说"给他加几盒火柴好了"中的"好了"则强调"就这样做就可以了"。

此时，"行了"在两种情况下，可以替换"得了"：

其一，有副词"就"出现在"得了"前。如：

只要裤子合适就得了。=只要裤子合适就行了。
每人加发八斤黄豆不就得了。=每人加发八斤黄豆不就行了。

如果没有副词"就"，就无法作此替换。如：

a 干脆把大多数人的地收了，交给少数人种得了。√
a' 干脆把大多数人的地收了，交给少数人种行了。×
b 我分121块，其余都给李先生得了。√
b' 我分121块，其余都给李先生行了。×

其二，"得了"在句中直接做谓语。如：

够吃够喝得了，多少钱算多？=够吃够喝行了，多少钱算多？
别做了，吃点儿现成的得了。=别做了，吃点儿现成的行了。

在第一个句子中，"够吃够喝"是主语，"得了"是谓语；第二句子中"吃点现成的"是主语，"得了"是谓语，所以可作如上的转换。如果删除"得了"，整个句子的语义会有较大改动，如"够吃够喝，多少钱算多？"这个句子和原句语义差别很大。

他一会儿来，你问他得了。
既然这样，那么北京人就别那么累得了。

161

在第一个句子中,"你、问、他"三个字分别是句中的主、谓、宾,"得了"只是辅助成分,如果删掉"得了",该句的主要意思表达得也很充分,即"他一会儿来,你问他。"

第三类:用于动词后,表示"完成"。如:

> 大家喝得了,吃得了,就都散去了。
> 我们花了几个晚上,一张精美的卡片做得了。

"得了"在动词后,表示动作的完成,相当于"完了"。这个可能还会给学生造成一定的困惑,即:在汉语中还有一个可能补语"得了"(de liao),表示能完成,用于动词后,表示有能力或可能完成;否定形式是"V不了"。如:

> 我吃得了三碗米饭。
> 我吃不了三碗米饭。

另外,还有一个"得了"(de liao),并不表示劝止或完成,而是"行、可以"的意思。否定形式是"不得了"(bu de liao)。如:

> 这冰天雪地的天气,没暖气怎么得了。(得了=可以)
> 不得了了,天河决口子了。(不得了=不行)

用在形容词或动词后的"不得了"表示极致的程度。

> 我和李讷高兴得不得了。("不得了"相当于"死了、极了")

第二节 "算了"语义、语法分析

算了：在对"算了"的语料库考察中，"算了"的语义是表"作罢，不再计较"，表示最终的放弃。常出现在句首、两句中和句尾。

第一类："算了"出现于句首和两句中间。

> 算了，你不用去了。
> 算了，不必再追究了。
> 有时甚至淡漠地想，算了，反正事情过去很久了。
> 他们也没犯什么大错，算了，扣留几天把他们放了吧。

当"算了"处于这个句法位置时，也可以和"好了、行了、得了、罢了"互相替换。如：

> 好了/行了/得了/罢了，你不用去了。
> 好了/行了/得了/罢了，不必再追究了。
> 好了/行了/得了/罢了，反正事情过去很久了。

但它们之间还是有细微差别的，"算了"和"罢了"更强调彻底地放弃，语气更强；"罢了"还有书面语色彩。"好了、行了、得了"语气稍弱，表示对正在发生的某件事"劝止"的语义更明显。

第二类："算了"在句尾。"算了"前面有小句表示考虑以后的最终决定。如：

你们拿回去吃算了。
既然养不活，就扔了算了。
我们江苏又没受损失，要不放人算了。

一般情况下，"算了"在句尾时可以被"得了、好了、罢了"替换。如：

你们拿回去吃罢了/得了/好了。
我们就说找不到罢了/得了/好了。

但是如果句中没有出现谓语动词，"算了"作为谓语出现，相当于"放弃"时，就只可和"得了""罢了"相替换，而不可以用"好了"替换。如：

陈毅这一次不能就这样算了。
这个句子，我们还可以说：
陈毅这一次不能就这样罢了/得了。

但是我们不可说：

陈毅这一次不能就这样好了。×

"行了"在通常情况下，不能替代"算了"。如：

a 既然养不活，就扔了算了。√
a' 既然养不活，就扔了行了。×
b 我们江苏又没受损失，要不放人算了。√
b' 我们江苏又没受损失，要不放人行了。×

第三节 "罢了"语义、语法分析

"罢了"可分为两类。

第一类：助词，用在陈述句的末尾，表示仅此而已。有把事情往小里说的意味，常同"不过""只是""无非""充其量"等词语相呼应。例：

> 我不过是想开个玩笑罢了，你可不要认真。
> 开始人们认为这只是作者的想象罢了。
> 其实他并非真正的作家，充其量是个"文痞"罢了。
> 枪杀案到处可能发生，只不过白宫更引人注意罢了。

在这个义项中，"得了、行了、好了、算了"一般都不能指代"罢了"，如我们不能说：

> 他无非是想吓唬你得了/好了/行了/算了。×
> 只不过这种变化很微小，人们很难察觉到得了/好了/行了/算了。×

经常替换"罢了"的是"而已"。如：

> 枪杀案到处可能发生，只不过白宫更引人注意而已。
> 我不过是想开个玩笑而已，你可不要认真。

第二类：表示容忍，不再计较。可以出现在句首、两分句间和句尾。如：

罢了，这次就让他自己做主吧。
没本事就认命罢了。
自己不识货也就罢了，还否定别人。
一次捐一份也就罢了，问题是修一条公路要好几年呢。

此时，在任何条件下都能够替换"罢了"的是"得了"和"算了"。如：

自己不识也就算了/得了，还否定别人。
叶子全都落光倒也算了/得了。

但"好了"和"行了"可以替换作为插入语出现在句首和分句中的"罢了"。如：

好了/行了，这次你自己做主吧。
他不想付出辛苦，好了/行了，以后的事我们就都不管了。

当"罢了"出现在句尾时，情况比较复杂，"罢了"可以出现在谓语动词的位置上，充当谓语。如：

难道就此罢了不成？
事情也就这样罢了。

也可出现在句尾，充当辅助成分。如：

没本事就认命罢了。

叶子全都落光倒也罢了。

此时如果以"好了"和"行了"替换"罢了",句子就会产生歧义。如:

自己不识货也就罢了,还否定别人。(义:算了、不再计较)
自己不识货也就好了,还否定别人。(义:不错、很好)
自己不识货也就行了,还否定别人。(义:可以)
一次捐一份也就罢了,问题是修一条公路要好几年呢。(义:算了、不再计较)
一次捐一份也就好了,问题是修一条公路要好几年呢。(义:不错、很好)
一次捐一份也就行了,问题是修一条公路要好几年呢。(义:可以)

第四节 "行了"语义、语法分析

"行了"表让某人停止继续做某事。一般用于句首或两分句中间。如:

行了,肚子饿了,搞点儿吃的吧。
太吵了,行了,快把除草机收起来吧。

在此义项中,"行了"可以由"好了、算了、罢了、得了"替换。

用于句尾,表示"可以"。

这回行了，问题解决了。
只要能让对方感动就行了，最后一定给我订单。

一般情况下，都可以与"好了""得了"互换。如：

这回行了/好了/得了，问题解决了。
你们报个数量就行了/好了/得了。

如果处在句尾时，除了表示"可以"的意思外，还表示最终的结果和决定，可以和"算了""罢了"互换，如：

这事不是说一说就行了/算了/罢了。
有人建议他在高处看看水情就行了/算了/罢了。

如果不是最终的结果，一般就不可用"算了"和"罢了"替换。如：

只要能让对方感动就行了，最后一定给我订单。√
只要能让对方感动就算了，最后一定给我订单。×
只要能让对方感动就罢了，最后一定给我订单。×

"好了"用于句首和两个分句之间时，也表示让某人停止做某事。在句尾时也可表"可以"，这都与"行了"基本相同，不同之处是当处在句尾时，"好了"一般表示期待某种情况出现，常出现在假设复句的句尾。如：

如果你来就好了。
要是他不生病就好了。

或者表示一种建议，如：

　　我们开车去好了。
　　去吃火锅好了。

第七章 "了$_2$"表对原句动作延续时量的改变

在第二章第一节中,我们提出了"了$_2$"的语义变体之一是表对原句动作延续时量的改变。典型句式有三种:

动词+(了$_1$)+时量/动量补语+(宾语)+了$_2$
我在北京生活(了)三年了。
我们都去(了)四次了。
动词+(了$_1$)+数量定语+宾语+了$_2$
他吃(了)三碗米饭了。
我买(了)两双袜子了。
时间段+没有+动词+(宾语)+了$_2$
我一个星期没上课了。
他一年没回家了。

第一种和第二种句式在语法、语义、语用方面具有共通性,我们将其统称为"动词+(了$_1$)+数量补语/数量定语+(宾语)+了$_2$"来一并进行分析。

第一节　动词+（了₁）+数量补语/数量定语+（宾语）+了₂

一　基础语义与语法形式分析

吕叔湘先生曾提出这样一个著名的问题①："这本书我看了三天"意思是"我看完了"；"这本书我看了三天了"意思是"没看完"。为什么用了一个"了"字倒是完了，再加上一个"了"反倒不完了呢？从这个问题提出以后，关于这个句式中"了₂"语义问题的讨论一直持续到今天。我们先从下面这两组句式的比较中来看看其中的差别。

第一类：动词+了₁+数量补语/数量定语+（宾语）

　　我在北京学习了三年。
　　她去了西藏三次。
　　小猫吃了五条鱼。

第二类：动词+了₁+数量补语/数量定语+（宾语）+了₂

　　我在北京学习了三年了。
　　她去了西藏三次了。
　　小猫吃了五条鱼了。

第二类中的句子如果在"了₂"出现的情况下，"了₁"可

---

① 卢英顺：《试论"这本书我看了三天了"的延续性问题》，《汉语学习》1993年第4期。

省。比较第一、二类句子，最大的差别在于第二类句中比第一类多了一个"了₂"。它们共同之处在于：都表示过去动作的经历，详细描写动量、次数、受事数量。不同在于：第一类句的动作不联系现在，在过去的某个时间已经结束。第一类的句子可以作如下理解：

我在北京学习了三年。（学习已结束，说话人已离开北京。）
她去了西藏三次。（去西藏已结束，说话人已离开西藏。）
小猫吃了五条鱼。（吃鱼已经结束，小猫已吃完。）

第二类句子中的动作发生后一直延续到现在，与句末"了₂"的现实相关性的语用功能有关。此时"了₂"的语义仍是"实现"，但是其"与现实相关性"的语用特征在这个句式中得以凸显。整个句式所表示的是到现在为止的一个持续状态，并有将要继续下去的意思。第二类句子可以作如下理解：

我在北京学习了三年了。（到现在为止学习了三年，很可能继续下去。）
她去了西藏三次了。（到现在为止去了三次西藏，很可能继续下去。）
小猫吃了五条鱼了。（到现在为止吃了五条鱼，很可能继续下去。）

我们认为，在这类句式中，"了₂"的"变化"语义体现为改变了原句动作延续的时量，对某种行为状态延续至现在

（说话时间）予以确定。因为在变前项中，其动作截止时间是过去的某个时间；在变后项中，"了₂"的出现使动作延续至现在。

但在上、下文语境的制约下，第一类句子也有可能表示到现在为止的一种持续状态。此时第一类句后一般有后续小句提示说话人在谈论现在发生的事件，而非过去，动词前常有副词"已经"。是否延续有两种可能，一种是不延续，一种是延续。如：

我在这儿待了一年，也没怎么弄明白这儿的路名。
我已经吃了一块鱼，也没尝出什么滋味。

这两个例句中"我"的"待"和"吃"的动作已延续到现在，是否继续进行，并不清楚。

二 "动词+了₁+时间量+了₂"中的"时间量"问题

在"动词+了₁+数量补语+（宾语）+了₂"这个结构中，数量补语有时指动作发生的次数，有时指动作发生的时间量。现在我们来谈谈动作时间量的问题，在"动词+了₁+时间量+了₂"这个句式中，"时间量"有两种所指：一是指从动作停止后到现在的时间，二是指动作从发生后一直延续到现在的时间，动作状态从未停止。马庆株在《汉语动词和动词性结构》一书中将此类结构的时量宾语（即时间量）的所指分为三种："有时指动作行为持续的时间（等了三天了），有时指动作行为完成以后经历的时间（死了三天了），有时指动作行为造成的状态持续的时间（挂了三天了）。在这类格式中时量宾语的所指不同，是由动作类的不同决定的。"① 我们认为马先生所分的第一类（等了三天了）和第三类（挂了三天了）可以归为一类，即我们所说的第二类"动作从发生后一直延续到现在，动作状态没有停止"。因为"挂、贴、放"这类动词在此结构中，动作本身虽然已经停止，但由动作产生的结果或带来的某种状态的改变却一直在延续，而且这一类动词和"等了三天了"类中的动词都有"持续义"，同时也为了方便教学，我们故将此归并为一类。请看下面两组例句：

第一组：

这件事发生（了）两个月了。
他死（了）一年了。
雨停（了）半天了。

第二组：

我们讨论（了）三个小时了。
我忍受（了）三年了。
这副对联在这儿贴（了）一年了。

第一组句中的时间量并不是动作发生后一直延续的时间，而是从动作停止后到现在的时间间隔量。因为这些动词所表示的动作本身具有开始即是结束的瞬时性特征。适合第一组的动词在时间长度上为零，即：结果义动词，如："死、牺牲、离

---

① 马庆株：《汉语动词和动词性结构·一编》，北京大学出版社2005年版，第2页。

婚、分手、停止、爆发、结束、消失"。此类句子在没有附加条件的情况下，如果只有"了$_1$"，去掉"了$_2$"，句子是不成立的。

第二组句中的时间量是指从动作发生后一直延续到现在的时间，动作状态从未停止。因为这些动词所表示的动作本身具备可持续性特征，即：持续义动词，如："看、盯、学习、研究、工作、旅行、贴、挂"等。此类句子如果只有"了$_1$"，去掉"了$_2$"，除了动作的延续时间量有所改变外，句子仍然成立。

三 与其他成分的同现状况分析

（一）"已经"类副词

"已经"类副词是指"早已、已、早就"等。我们分两种情况来看一看，一种为动词是持续义的，一种为动词是结果义的。

当动词为持续义时，"已经、已"如果和"动词+了$_1$+数量补语/数量定语+（宾语）"结合时，等同于"动词+了$_1$+数量补语/数量定语+（宾语）+了$_2$"。其中"了$_1$"可以隐匿，如：

> 我已吃（了）三个包子。=我吃了三个包子了。
> 我已经学习（了）两小时。=我学习了两小时了。

但是"早已"和"早就"两个副词出现在"动词+了$_1$+数量补语/数量定语+（宾语）"前时，不能作此替换。如：

> 我早已学习了两（个）小时。≠我学习了两小时了。
> 我早就吃了三个包子。≠ 我吃了三个包子了。

这是因为"已经"和"了₂"的语义中包含"和现在相关联"的意思，而"早已"和"早就"中的"早"强调的是"很早以前"，距离"现在"很远，语义中缺乏现实相关性，所以不能作此替换。

在上面第二部分我们曾提到，此类结构中的动词为结果义，当保留"了₁"，去掉"了₂"时，该句子一般不能单独成立。如此时加上"已经""已"或"早已"，句义也等同于"了₂"句，在有后续小句的条件下就可成立。如：

他爸爸已去世了三年，今天是他的祭日。
他爸爸已经去世了三年，今天是他的祭日。
他爸爸早已去世了三年，今天是他的祭日。

"早就"一般不出现在该格式中。之所以在这个结构中"早已+结果义动词+了+时间量"可等同于"早已+结果义动词+了₁+时间量+了₂"，而上面我们提到的"早已+持续义动词+时间量"就不等同于"早已+持续义动词+了₁+时间量+了₂"，是因为当我们说"早已学习了两个小时"时，"学习了两个小时"这个持续动作可能很早以前的某个时间就结束了，不一定持续到现在，所以不等同于"了₂"句。而"去世"这样的结果义动词一经发生后，从动作瞬间停止后的时间开始，动作造成的影响或对事态的改变就是不变的，这个时间量一定会延续到现在，所以即使有"早"这个字，也还是不能说动作发生后的时间没有延续到现在，仍会等同于"了₂"句，这是由这两种动词语义上的根本差别决定的。

（二）其他副词

时间副词"突然、忽然、仍然、仍旧、刚、才、刚刚、还"一般可以和"动词+了₁+数量补语/数量定语+（宾语）"

结合；但不能和"动词+了$_1$+数量补语/数量定语+（宾语）+了$_2$"结合。如我们可以说：

A 他们刚刚分手了一个月。
b 小虎才睡了一个小时。
c 战士们在撤退号吹响了后，还坚持战斗了半天。
d 我们中午在办公室稍稍休息了一会儿。
e 我仍然去了一次。

但我们不可以说：

a' 他们刚刚分手了一个月了。×
b' 小虎才睡了一个小时了。×
c' 战士们在撤退号吹响了后，还坚持战斗了半天了。×
d' 我们中午在办公室稍稍休息了一会儿了。×
e' 我仍然去了一次了。×

原因在于："突然"等时间副词着重描写一个过去已发生的动作的状态，是全句的语义重心。而"动词+了$_1$+数量补语/数量定语+（宾语）"中"了$_1$"的语用功能也在于强调动词的动作过程，正好与这些副词相吻合，所以可同现。"了$_2$"本身没有强调动作的语用功能，并且"动词+了$_1$+数量补语/数量定语+了$_2$"的语义重心除了动词和数量成分外，还有"了$_2$"——表示动作时间的延续，也表示事件的发生和现实相关联。如果在动词前加上"突然"等时间副词会更加强调动作的过去时态，使听话人将注意力转到此句式的前一部分，而忽略后一部分，对本句式强调的"时间量延续到现在"的语义有削弱作用，另外使句子的语义表达显得更为烦琐，增加不必要的语义重心，显然是不合适的。时间副词"已经"或"已"因语义上和"了$_2$"相契合，所以依旧可以出现在此句式中。

副词"没"一般可出现在句式"动词+了$_1$+数量补语/数量定语+（宾语）"前；有时出现在动词前边，有时出现在数量词前边。而不能出现在句式"动词+了$_1$+数量补语/数量定语+（宾语）+了$_2$"前。如可以说"没+动词+了$_1$+数量补语/数量定语+（宾语）"，例如：

我们没看（了）多长时间，就有事走了。（"了$_1$"可隐）

总共也没吃（了）两口饭，同学们就来找他踢球去了。（"了$_1$"可隐）

雨没停（了）几分钟，就又开始下了。（"了$_1$"可隐）

也可说"动词+了$_1$+没+数量补语/数量定语+（宾语）"，例如：

我们看了没多长时间，就有事走了。（"了$_1$"必现）

总共也吃了没两口饭，同学们就来找他踢球去了。（"了$_1$"必现）

雨停了没几分钟，就又开始下了。（"了$_1$"必现）

但不可以说"没+动词+了$_1$+时间量+了$_2$"，例如：

我们没吃了两口饭了。×
他没看了多长时间了。×

雨没停了几分钟了。×

(三) 时间词

当时间词表过去的时间，如"去年、昨天、前天、上个月"等，可以和"持续义动词+了$_1$+数量补语/数量定语+（宾语）"无条件同现。例如：

我们去年去欧洲旅行了半个月。
昨天小丽和小杨下了两盘棋。

结果义动词如出现在该格式中，句子无法独立存在，需后续小句补充说明事情结果。例如：

早上雨停了一会儿，后来又接着下了。

当表过去的时间词和"动词+了$_1$+动量补语/数量定语+（宾语）+了$_2$"结合时，无论动词是持续义还是结果义的，都一定要有后续小句才能成立，后续小句内还要有和"过去时"相对应的表"现在"的时间词。例如：

我一个小时前吃了三个鸡蛋了，现在你怎么还让我吃鸡蛋？
我们昨天已经去他们那儿协商了一次了，今天还得再去。
他们上个月都分手了两次了，这个月又和好了。

"动词+了$_1$+时间量+（宾语）+了$_2$"句式中则一般不会出现表过去的时间状语。

第二节　时间段+否定副词+动词+了$_2$

"了$_2$"的与现实相关性的语义表现不仅存在于"这本书我看了三天了"这一"动词+了$_1$+数量补语/数量定语+（宾语）+了$_2$"句式中，还存在于"时间段+没有/不+动词+了$_2$"这种句式中。

一　时间段+没有+动词+了$_2$

这种句式可视为句式"看了三天书了"的否定式。在此句式中，动词具有可延续性特征，在否定副词的位置上，"没"经常出现，"不"偶尔出现。先让我们来分析以"没"作为否定副词的句子。请看例句：

  a 三天没吃饭了（删除）→a′三天没吃饭（转化）→a$_1$　a$_2$
  a$_1$三天没吃饭，这顿该吃了吧？（延续到现在）
  a$_2$三天没吃饭，你可真行！（可能为过去的某个时间）

（一）语义分析

在 a 句中，"了$_2$"的功能是把"没吃饭"这个状态延续到现在（即说话时间）。删除"了$_2$"以后，a′可转化为 a$_1$ 和 a$_2$，它们分别可表两种意思，一种是"三天没吃饭"的行为延续到了现在；另一种是"三天没吃饭"的延续状态可能是过去的某个时间，现在早已经结束。"三天没吃饭"只是作为一个条件或一个原因被陈述。至于如何确定截止时间，要结合具体的语境来进行。a′较之于 a 缺少了时量的确定性，所以产生了时间上的两种可能性，而这种差别恰恰是由于"了$_2$"的存在与否决定的。

汉语中时量词语放在动词前面,我们称为时量前置;如果放在后边,称为后置。吕叔湘先生(1982)曾经说过:"表示时间长短的词语放在动词的后头,表示动作持续多久;表示时间长短的词语放在动词前头则表示某个时期之内有过或没有过这个动作。"① "时间段+没有/不+动词+了$_2$" 就属于时量前置。

我们感兴趣的问题是时间词前置和后置的差别何在?试比较一下下面两组句子:

第一组:没有+动词+时间段+宾语

我没看四个小时电视。
她们没背一个上午生词。

第二组:时间段+没有+动词+宾语

我四个小时没看电视。
她们一个上午没背生词。

比较这两组句子,我们不难发现第一组中的句子,"没有"着重否定的是动作发生的时间段,意思分别为"看电视的时间不足四个小时"和"她们背生词的时间不足一个上午";第二组中"没有"否定的是"动词",意思是在一定时间内没发生这个动作。两个句子的意思分别为"四个小时内我没看过电视";"她们一个上午的时间内都没背过生词"。由于时间词位置的不同,语义也发生了变化。而"了$_2$"只能出现在第二组中句子句尾,如:

---

① 孟艳丽:《谈"S+T+没有+V+O+了"句式》,《汉语学习》2006年第1期。

我四个小时没看电视了。
她们一个上午没背生词了。

但不能出现在第一组组的句子中,我们不可以说:

我没看四个小时电视了。×
她们没背一个上午生词了。×

(二) 其他同现成分分析

1. 时量成分

什么样的时量成分能进入这个格式呢?我们观察到能进入这个格式的时量成分具有"长时性"特征,例如:

我们两天没吃饭了。
我一年没见到她了。

但是表很短时间的时量词语一般不能进入这个格式,如:

a 我们一会没吃饭了。×
b 我们两分钟没游泳了。×

值得注意的是,这个"短时性"只是相对的,对于某些事来说"两分钟"这么短的时间也可能是很长,如"病人的心脏已经两分钟没跳了",对于这生死攸关的时刻,两分钟也可能是很长,这和语境及其描述对象有很大关系。

2. 副词

表示"足够""已经"义的副词可以进入该格式。例如:

我们足有三年没去旅游了。
我已经四天没洗澡了。

表示"正好""刚好"的副词也可以进入此类，例如：

我们正好十年没见面了。

表示"少""不足"的副词不能进入此类，例如：

我们仅仅三天没考试了。×
她才十天没去学校了。×

但是表"至少、最少"的副词可以进入该格式，例如：

我最少十天没吃猪肉了。
我们至少上一个月没考试了。

"最多、至多"类则不能进入，例如：

我最多三十天没见过他了。×

在上面，我们曾提到表示"长时"的时间词语可以进入此类，而"短时"的一般不能；而"最多"类副词也是在强调"时间量的少"，"至少"类副词却是在强调"时间量的多"。这些都有力地证明了"时间段+没有+动词+了$_2$"这个结构的语义重心是在表说话人主观上认为的"长时量"。综合来看，我们认为因为"了$_2$"的核心语义在于表示变化，所以一般数量极少的数量词一般不具有可变性，所以一般不能和"了$_2$"

同现。"突然、忽然、仍然、仍旧、刚、才、刚刚、还、正在"这些时间副词一般不能出现在"动词+了$_1$+数量补语/数量定语+（宾语）+了$_2$"句式中，也同样不能进入"时间段+没有+动词+了$_2$"句式。

表过去时的时间词如"去年、昨天、上个月"等不能进入"时间段+没有+动词+了$_2$"句式，如我们不能说：

上星期我一天没上班了。×
昨天我三个小时没喝水了。×

因为这些时间词和"了$_2$"的表现实相关性的特点相背离。

3. 动词

在动词中，结果义动词如：死、牺牲、破产、摧毁、删除、毕业等（参看第三章第二节）一般不能进入该格式，原因在于："时间段+没有+动词+了$_2$"这个句式的言外之意在于动作曾经常发生，但在最近这个时间内没发生。而上述这些动词一般是一次性动词，不具有可重复性。所以不能说：

我十年没破产了。×
她一个月没毕业了。×
这女孩三年没结婚了。×

因为"结婚""毕业""破产"等动词表示的动作一般不能重复，但如果用在这个格式中，预设义就变成了"以前常破产、常毕业、常结婚"的意思，这显然是违背常理的。

4. "时间段+没有+动词+了$_2$"的其他相关类型

"时间段+没有+动词+了$_2$"这种格式是副词"没有"和"了$_2$"共现的最常见类型。此外还有几种相关的句式也值得关注。

第一种类型是比较型，如：

我们家当然没有他们家有钱了。
那个地方没你说得那么差了。
这种电视没有以前贵了。

第二种类型是"时间点+没有+动词+了$_2$"。如：

我们早就断了，两年前开始就没来往了。
她上星期一开始就没看见小张来上班了。
从那以后她就再也没回过家了。

一般来说，当"了$_2$"的语义为实现态时，"没有"不会和"了"共现于同一句子。而在这两种类型中，第一种中的"了$_2$"表示变化，其中都预设着一种说话人或听话人原本以为的状态，如"我们当然没有他们家有钱了"隐含的语用背景是听话人可能以为"我们家比他们家有钱"，所以在这种现实情况和想象情况，现在状态和以前状态的反差比较中，产生了变化，才会使用"了$_2$"。

第二种句式"时间点+没有+动词+了$_2$"和句式"时间段+没有+动词+了$_2$"两者相比是形式的变化，但无实质的变化。如"时间点+没有+动词+了$_2$"的这些句子都在一定语境下可以转换为"时间段+没有+动词+了$_2$"句。如：

我们早就断了，两年前就没来往了。=我们两年没来往了。
从那儿以后她就再也没回过家了。=她三年没回过娘家了。(假设：那儿是指三年前。)

这其中"了₂"的含义也就不再难以理解，表示时间延续到了现在。这种类型的句子中时间的表示法不一定是时间，也可以用某个事件作为标志，如：

老师一咳嗽，大家就没再说话了。
电影一散场，谁都没再哭了。

在这个句式中还常常会出现"就""再"这样的副词成分，如果没有此类副词，则一般不成立：

从那儿以后她没回家了。×
老师一咳嗽，大家没说话了。×

这是因为"时间段+没有+动词+了₂"句式原本表达的是在一定时间段内一直稳定的一个否定状态；但是如果将"时间段"换成"时间点"，那么就缺乏对后面所要表达的一个稳定的否定状态的一种时间上的保证，加上动词"开始"、副词"就"或"再"后，就能够在"时间点"——"从那儿以后、一咳嗽"后加上一个强烈的标志时间的词，表示在那个时间点之后变化随即发生了，明确后面的持续否定状态是从某个"时间点"开始到现在。

能进入"时间点+没有+动词+了₂"这个格式的动词和"时间段+没有+动词+了₂"中动词一样要具有可持续性特征，可以说：

他们去年就没在一起生活了。

姐姐在受伤后就没再上学了。

但不能说：

他们去年就没离婚了。×
姐姐在受伤后就没再失业了。×

因为这个否定的格式也一定蕴含了"对以前某种持续状态的肯定"的含义。如果说"他们去年就没在一起生活了"含有"他们以前在一起生活"的意思；"姐姐在受伤后就没再上学了"蕴含"姐姐以前上学"，所以可以推断"他们去年就没离婚了"蕴含"他们以前一直离婚"；"姐姐在受伤后就没再失业了"蕴含"姐姐受伤前一直失业"，这些句子显然是无法成立的。

二　时间段+不+动词+了$_2$

下面，让我们再来看看当否定副词"不"进入此格式时的情况。一般情况下，"不"不能出现在该格式中，因为与"不"相连的时间是现在和将来，不表过去，和"了$_2$"的表过去动作延续至今的语义是相矛盾的。我们不能说：

我三天不吃饭了。×
我两个月不看电影了。×

但是在一种口语里常见的问候语中，"不"则可以出现。请看例句：

a 很久不见了（删除）—a′很久不见（转化）—a$_1$′a$_2$′

a_1' 很久不见,你过得好吗?

a_2' 很久不见,他们的关系也不可能受到影响。

"不"作为否定副词出现时,与"没"不同的是,"不"这个否定副词一般是与"现在"或"将来"的表时状态相联系。尽管如此,把 a 句中的"了$_2$"删除以后,变成 a',在不同语境中,可有两种 a_1' 和 a_2' 变体,同样是表前提或原因,但是 a_1' 中"很久不见"的状态持续到现在,而 a_2' 则具有了从过去持续到现在或持续到将来的两种可能性。

由以上分析可以看出,a 与 a' 的区别在于 a 因为"了$_2$"的存在,减少了 a' 因"了$_2$"删除而产生的时间解释的模糊性,对行为状态延续到现在做出确定,因此也证明了"了$_2$"确实具有改变原句动作时量的语义特征。

第八章 "了₂"表确定某状态的超常变化，并增加感叹色彩

当"了₂"与某些表极高程度的副词组成固定格式时，"了₂"的语义为对某种状态由一般到非一般的程度变化予以确定，并增加了感叹色彩。如：

这件毛衣太漂亮了。
他写得最快了。
他听到这个消息，可高兴了。

因为"太、最、可"这三个副词本身就有超过正常程度的语义，所以"了₂"的变化义在这一形式中显得较为隐蔽。显而易见，"了₂"在此是辅助性非核心语义成分。以下我们分别对这三种格式进行分析。

第一节 太+形/动+了₂

一 语义和语法形式分析

汉语中除了非谓形容词，如：所有、大量、大批、初级、许多、一切、单、花、真正、主要、男、女等外，一般形容词都可进入该格式。如：

房子太好了，真不知怎么感谢你。
你说得太对了，应该这么办。
这么做太残酷了。

心理行为动词、动形兼类词也可进入该格式。如：

我实在太喜欢你了。
我太担心她的健康了。
这个字写起来太麻烦了。
住在这儿太方便了。

在这里，"太……了₂"表示确定某种状态的超常变化，兼表极高程度的感叹。当心理动词进入此类结构时，一般作句中的谓语，如"我太爱你了""他太讨厌这个地方了"，而且在语义方面也易于理解。进入此类结构的绝大多数词语为形容词，语义、语法情况都比较复杂，以下我们以"太+形+了₂"为研究对象来进行一下深入分析。

就"了₂"的隐现规律来说，刘元满（1999）指出，当"了₂"表示程度过分时，多用于不满、不喜欢，此时加不加"了₂"，句义也没有改变，不过不加"了₂"时一般都有后话，虽未说出却可让人意会。加"了₂"时可有后话，也可是结语。用于表程度高、表赞叹时，必须加"了₂"。

我们认为，在一些讽刺或不满的语境中，"太"可以表示"过分"的意思。在这种用法中"了₂"可省。删除"了₂"以后，句子表现了说话人更为坚决、果断的判断，减少了感情色彩。如：

那个男孩太坏（了），不要跟他在一起。

他个子太矮（了），没有被选入篮球队。
房间收拾得太整齐（了），几乎没人敢坐。

在这三句中，"太+形+了$_2$"都是表事物的性状达到了一种过分的程度，但是"太……了"这种过分的语义一方面也是由这个形容词的词义内涵所决定的。可以分为两类情况：

第一类：贬义形容词出现在这个位置上时，"太+形+了$_2$"就表示某件事情达到了过分的程度，让人无法忍受。如：

这种要求太苛刻了。
这个人太凶狠了。

第二类：褒义形容词出现在这个句式中，就用于表示赞美。如：

在这次龙舟赛上，大家太团结了。
这儿的土地太肥沃了。

但有趣的是，绝大多数形容词在进入"太+形+了$_2$"这一句式时，"太……了$_2$"都有可能产生过分的意思，而这种意义是语境所赋予的。如：

他的房间收拾得太整齐了，没有人像他这么能干。
他的房间收拾得太整齐了，几乎没人敢进。
中国的国土面积太大了，哪儿那么容易一下子都富起来？
中国的国土面积太大了，物产十分丰富。

"大、整齐"这些词语并没贬义，如果没有下文的作用，我们很难单纯地判断"太大了""太整齐了"是否具有过分的意思。这需要根据形容词的性质和结合具体语境去分析。而且这个"了₂"的本义还是对其由一般到非一般的程度变化予以确定，并增加了感叹色彩。"过分"的语用含义的产生是由语境带来的。

　　刘勋宁指出："为什么用于'赞叹'就没有'过分'的意思了呢？这需要说说认知上的原因。人不是一架纯理性的'机器'，赞扬的话，越听越想听；批评的话，怎么轻也嫌重，赞扬的话怎么听也嫌不够。人心不足蛇吞象，好了还要好，越好越好，所以'好'才没有过分的意思。"①

　　"好"就一定没有过分的意思吗？也不尽然。我们认为这种认知其实也还是和语境有关。"太好了"常用于对人和事物的称赞，所以才让人觉得没有过分的意思。如果换成另外一种语境，即上下文的背景是抱怨和自责等，即使是褒义形容词，在此结构中也都会有"过分"的意思产生。如"我对他太好了，才落得这样的下场"，再如"马善被人骑，人善被人欺，人不能太好了"，"人太好了，是要吃亏的"，这些句子不也是有过分的意思吗？

　　所以如果上下文的语境中含有"这件事情是为人们所期待的"这种含义，"太+形/动+了₂"就是一种褒义的；如果上下文语境背景是这件事在一定情境下，过了一定的限度，会带来负面影响，不被大家所欣赏和期待，那么这"太+形/动+了₂"格式中"过分"的语义就产生了。这要结合具体语境来分析。

---

① 刘勋宁：《现代汉语句尾"了"的语法意义及其解说》，《世界汉语教学》2002年第3期。

二　句法功能

（一）做定语成分

"太+形"结构做定语时，常修饰主语和宾语，后带助词"的"，"了$_2$"此时不会出现。句子一般表示否定和不满，句子的谓语动词常为否定的"不、没有"等副词修饰。此时，"太+形"结构也通常是贬义的，如"太激烈、太难、太劳累"等。刘元满（1999）对此也持有相同的观点。如：

做主语的定语
太大的电视看着不清楚。
太难的数学题他做不出来。
做宾语的定语：
我不能接受太强势的女人。
心脏不好的人不能做太激烈的运动。

另外，我们还发现：当动词为"是"这个判断动词时，此结构修饰后面的宾语时，只能出现否定形式的"太+形+了$_2$"，而不能出现肯定形式的。如：

她是太浪漫的女孩儿。×
她是不太浪漫的女孩儿。√
那位大嫂是太爱清洁的人。×
那位大嫂是不太爱清洁的人。√

（二）做谓语和补语

如果是在单句中，"了$_2$"一般必须出现。如：

这种糖太甜了。
这件衣服太破了。
最近论文写得太辛苦了。
他酒喝得太多了。

如果有后续小句,则"了₂"可以自由隐现。如:

这种糖太甜(了),小孩子不要多吃。
这件衣服太破(了),你就不要再穿了吧。
最近论文写得太辛苦(了),过一段要好好休息一下。
他应酬太多(了),酒喝得太多(了),这样下去身体怎么吃得消?

三 语用条件

从以上分析中,不难看出"太+形+了₂"的语义表现和句法位置是很容易把握的。但是进入语用平面后,学生还会面对很多问题。从语用条件来说,"太+形+了₂"一般不作为问语出现,我们问一个事物的性状,常常用"很+形+吗?"或"非常+形+吗?"来发问,但我们从不这样发问"太+形+了吗?"因为"太……了"本身意味着对现存已有的性状的高度肯定和确认,不适于再发问。

那么"太+形+了₂"做答语时,是否成立呢?在与留学生的交谈中,我们还发现了这样的问题:

甲:你们家冷吗?×乙:太冷了。
甲:骑自行车上学方便吗?×乙:太方便了。

这两句中，用"太+形+了₂"做答语显然也是不合常理的，这是因为"太+形+了₂"含有极强烈的感叹意味，一般以叙述者自身的角度来陈述、感叹某一事物时才可使用。而当发问人只希望听到情况及想法的一般介绍或只是寒暄时，无须以"太+形+了"来回答，这时候应该以"非常冷"或"很方便"作答才是合适的。但是在某种合适的语境中，当回答者感到发问者有足够的心理预期，要求其对某一事物表示出强烈的认可或否定时，则可以用"太+形+了"来表示。如：

情景：两个人买衣服。甲：怎么样？乙：太贵了。
情景：甲在布置房间，乙进来。甲：房间布置得怎么样？乙：太漂亮了。

这也就决定了回答同样一个问题，在两种情景中，不同的答者可以使用不同的答语。如：

a 甲（服务员）：这双鞋怎么样？乙（顾客）：很漂亮。
b 甲（顾客）：这双鞋怎么样？乙（甲的女友）：太漂亮了！快买吧。

在 a 句中，顾客的心理是从购买者的角度来看，对待服务员的态度应该是客观、冷静的。所以一般不会选择"太……了"句式来表达强烈的情感；而朋友之间则情感无须保留。试想如果将 b 乙的答语换到 a 乙去，则不合适。由于"太……了"句式独特的语义特点和语用功能，在使用时要结合语境和听话人的认知心理去选择，而不仅仅依靠语义。

此外，还要说明的是"很+形+了₂"与"太+形+了₂"的区别。金立鑫在《试论"了"的时体特征》① 一文中曾提出："太"和"最"作为反映主观情绪的程度副词和一般的程度副词跟"很""十分""非常"在这里形成了明显的对比：

中文太难说了。　中文很难。　　×中文很难了。
这么说最好了。　这么说很好。　×这么说很好了。
小李最聪明了。　小李很聪明。　×小李很聪明了。
中国人口太多了。中国人口很多。×中国人口很多了。

我们的观点是：在一定的语境中，最后一组句子也是成立的，只不过在"很……了$_2$"句式中，"了$_2$"表随着时间的推移，情态上出现的一种变化，此结构类似于"NP+了$_2$"。"中文很难了"意思是"中文越学越难"，"这么说很好了"意思是"这么说"以前不太好，现在可能外界条件变了，所以"这么说"也变得足够好了。另外这种句子还可以加上时间副词状语"已经""现在"等也可成立。（具体参见第三章第三节）

四 "太+不+形+了$_2$"和"不+太+形+了$_2$"

我们先来看看"太+不+形+了$_2$"结构，请看下面这两组句子：

第一组：

这个市场太不干净了。√
这栋楼太不安全了。√

---

① 金立鑫：《试论"了"的时体特征》，《语言教学与研究》1998年第1期。

这种节能灯太不亮了。√

第二组：

　　这台电脑的速度太不慢了。×
　　那家宾馆服务太不差了。×
　　这本书太不贵了。×

　　为什么第一组句子是对的，第二组就是不对的呢？我们通过观察发现：二组中的形容词都是"慢、差、贵"之类不满、不好的；而一组中的形容词都是"亮、干净、安全"这种褒义的。
　　下面我们再来对"太+不+形+了$_2$"和"不+太+形+了$_2$"两种句式作一下具体的比较，例如：
第三组：

　　这个人太不聪明了。
　　这么小的字，实在是太不清楚了。

第四组：

　　这个人不太聪明了。
　　这么小的字，实在是不太清楚了。

　　比较第三组和第四组组句子，在语义表达上有差别的：第三组中的句子因为"太"出现在"不"的前边，所以否定的色彩要明显浓于第四组"太"在"不"后的情况。另外，第四组中的句子还常有前后比较的语义在其中，"这个人不太聪

第八章 『了$_2$』表确定某状态的超常变化，并增加感叹色彩

197

明了"含有"这个人以前很聪明，现在不太聪明了"的对比之义。

心理动词在语用平面的使用状况、和副词"不"的组合情况都与形容词相同，此处不再赘述。

第二节　最+形容词/动词+了$_2$

一　语义和语法形式分析

"最"：副词，表程度达到极点，超过一切同类的人或事物。① "最+形/动+了$_2$"表感叹。形容词、动形兼类词、心理动词都可进入此类。此句式中，"了$_2$"可以自由隐现。如：

> 在所有药品中，这种药品最昂贵（了）。
> 沙漠中的动物，数骆驼最耐旱（了）。
> 拔皮虫躲在白蚁的体内最安全不过（了）。
> 所有饮料中，我最喜欢可乐（了）。

语料库调查显示，动词"有、为"也常出现在这一句式中，如：

> 这件事他最有发言权了。
> 这些人中，那个穿红衣服的女孩儿最为引人注目了。

通过以上例句不难看出，如果没有"了$_2$"，"最"也含有

---

① 李行健：《现代汉语规范词典》，外语教学与研究出版社 2004 年版，第 1747 页。

比较的意思，句子同样成立，但是"变化"和"确认"的语义就淡化了。另外，时间副词等状语成分和前一分句对这个结构式的语义表达也起着至关重要的影响。它们对"最+形/动+了$_2$"所阐释的比较的范围做出界定。如：

在他们班，现在同学们最拥护他（了）。（以前不是他，现在是他。）
b 这些运动员中，刘翔跑得最快（了）。（比较其他运动员，刘翔最快。）

如"在他们班，现在同学们最拥护他了"中的"现在"框定了比较的范围是时间上的从以前到现在；"这些运动员中，刘翔跑得最快了"中"这些运动员中"这一状语成分框定了"变化"产生的范围是在刘翔和其他运动员的比较之中。

判断句式"是……的"和"最+形/动+了$_2$"句式常交叉出现，主要呈现出两种交叉状态：

（1）"的"后无宾语，即：是+最+形/动+的+（了$_2$）。如：

他是最好的（了）。
这颗星是最靠近北极的（了）。
她在全年级是学习最棒的（了）。

这种结构可以视为宾语成分的省略，即：

他是最好的<u>人</u>（了）。
这颗星是最靠近北极的<u>星体</u>（了）。
她在全年级是学习最棒的<u>学生</u>（了）。

（2）"的"后有宾语，即：是+最+形/动+的+宾语+（了$_2$）。如：

a 这是热带雨林中最高大的树木（了）。
b 这只要算是最早发现的活的大熊猫（了）。
c 目前往外调销问题恐怕是最主要的原因（了）。

如果前边的主语和后边宾语是同指，后边的宾语可以省略。如上述例句中的 a 句和 b 句，即：

这只大熊猫要算是最早发现的活的（了）。
这树木是热带雨林中最高大的（了）。

副词"不过"也常附着于"最+形/动+了$_2$"结构中的形容词后表示"无出其右者"，"了$_2$"此时一般必现，如：

这种桌子最大不过了。
当地的农产品最丰富不过了。

"不过"也一般可以出现在"是+最+形/动+的+了$_2$"和"是+最+形/动+的+宾语+了$_2$"两种句式中的形容词或动词后边，如：

你能这么做是最合适不过的了。
目前恐怖袭击是美国人最担心不过的问题了。

二 句法功能

"最+形/动+了$_2$"结构在句中可以做谓语和补语，如：

这种野菜味道最鲜美了。
她讲的故事最让人感动了。
所有学生里，她考得最为理想了。
空调已经开得最大了。

"最+形/动"可做定语来修饰主语，此时"了₂"一般不会出现，如：

最破的房子现在也有人要。
最舒服的地方是海边的小渔村。
这个地方最吸引人的景点就是这座庙。

不可以说：

最破了的房子现在也有人住。×
最舒服了的地方是海边的小渔村。×
这个地方最吸引人了的景点就是这座庙。×

"最+形/动"做定语修饰宾语时，"最"和"了₂"虽然有时同现，但并不属于同一个"最……了₂"句式。"了₂"只能出现在句尾，仍是表"事态变化"的句尾语气词，语义和"我是老师了"中的"了₂"是相同的。如：

喜马拉雅就是世界上最高的山脉了。
他就是目前这个项目上最快的运动员了。
这首曲子是我们最满意的曲子了。

此时不可以说：

201

喜马拉雅山就是世界上最高了的山脉。×
他就是目前这个项目上最快了的运动员。×
这首曲子是我们最满意了的曲子。×

三　语用条件

"最+形/动+了$_2$"可以做问语和答语。在做答语时，常用来回答特指问句和选择问句。如：

老板看重谁？老板最看重他了。
这件红的好还是蓝的好？红的最漂亮了。
这些"福"字中哪个写得不错？那个最好看了。

一般的问句，如果在没有比较之意的语境中，用此结构回答则不太合适。如：

我这字写得怎么样？你写得最漂亮了。×
我讲的语法，你们听明白了吗？我们听得最明白了。×
吃饭前你们把手洗干净了吗？洗得最干净了。×

但是，如果同样的答语换成含有比较义的问句，就可以成立。如：

我和他们比，这字写得怎么样？你写得最漂亮了。√
这些语法中，哪条你们听明白了？这条听得最明白了。√
谁的手洗得最干净？明明的手洗得最干净了。√

第三节　可+形容词/动词+了₂

一　语义和语法形式分析

这也是一种极为常见的感叹句型，此结构中，"了₂"有成句作用，必须出现。因为"可"有两个词义，所以该句式也呈现为两种表意状态，分别为：

"可+形/动+了₂"为"非常"之意。如：

> 今天考试他得了一百分，可高兴了。
> 她汉语说得可流利了。
> 这个网页的设计可新颖了。
> 我可讨厌那种装腔作势的人了。

"可+形/动+了₂"为对某种状态盼望已久，终于实现。"可"有"终于"之意。一般有前后小句，与此句互为因果关系。

> 你可高兴了，你不高兴的时候，那脸色吓死人了。
> 你可回来了，这么多人等你呢。
> 她终于写完论文了，可松口气了。
> 可大学毕业了，再也不想参加考试了。

"可+形/动+了₂"在表示某种行为状态盼望已久，终于实现时，含有极端恶意的形容词或动词一般不进入此结构，如"倒霉、残废、颤抖、恶化、破坏"等。

因为该句式表示美好的期待最终实现，所以能进入该结构的形容词一般是褒义的，并具有可变性，在现实中通过某种方式可以实现，如"高、强壮、明白、干净、轻松、顺畅、稳定"等。有三类形容词不适于进入此构式：

"宝贵、灿烂、伟大、崇高、非凡"等表示极端美好状态的形容词，在现实中极难实现，一般就不能进入"可+形/动+了$_2$"结构，如不能说"你可伟大了"，"前途可灿烂了"。

"粉红、翠绿、坚硬、永恒"等表事物的性质或恒定状态的形容词通常不适于"可+形/动+了$_2$"结构，如不能说"我们的爱可永恒了"，"这种颜色可粉红了"。

修饰性、描写性较强的形容词也一般不可进入"可+形/动+了$_2$"结构，如"缤纷、笔直、芬芳、苍茫、皎洁、洁白"等。我们可以说"工人们修整后，马路可直了"，但是不能说"工人们修整后，马路可笔直了"。因为这些形容词一般多用于书面语，但"可+形/动+了$_2$"本身就是一种比较口语化的表达方式，所以不适合。

含有结果义的动词和动补结构也可进入"可+形/动+了$_2$"结构，如：

> 她可结婚了，否则她妈妈得愁死。
> 这个病毒软件可删除了，我就不再担心了。
> 你可吃完了，一顿饭花了两小时。
> 我可走到家了，累死了。

一般不可进入"可+形/动+了$_2$"结构的是"动词+程度补语""动词+可能补语"。如：

> 他们可开车开得不错了。×
> 你可打扫得干净了。×

我可用得完这么多钱了。×

持续义动词较少进入该格式，如果进入则表示"开始做某事"的意思，并非状态的持续。

你可保持安静了。(意即：你终于开始安静下来了。)
孩子们可睡觉了。(意即：孩子们终于开始睡觉了。)

二 句法功能

（1）类表非常义的"可+形/动+了₂"可以做谓语、补语。如：

我可欣赏像张老师这样的人了。
这个人可好了。
我们做风筝做得可好了。
他这件事做得可让人满意了。

不能做定语，如不能说：

可薄了的纸板一刻就漏了。×
我们最近没有几件可高兴了的事。×

（2）类表终于实现义的"可+形/动+了₂"一般只可以做谓语，如：

他们这回可同意了，总算没白努力。
这些学生可老实了，我们可以休息一下了。

不能做补语、定语，如可以说"可写完了"，但是不能说"写得可完了"。可以说"屋子可大了"，但是不能说"可大了的屋子"。

三　语用条件

一类"可+形/动+了$_2$"句式因为有较强烈的感叹语气，一般不可以用来做问句，如不可说"她可明白了吗"。如用来做答语，感叹的语气极强。

二类"可+形/动+了$_2$"句式一般作陈述、感叹。不适合发问。但可做答语，表强调，如可以说：

他们回来了吗？他们可回来了。
你买到那种帽子了吗？可买到了。

但不可以说：

他们可回来了吗？×
你可买到了吗？×

"太+形/动+了$_2$"和"可+形/动+了$_2$"都可表"非常"之意，语义和语法形式都很近似。那么究竟有何不同？首先从语义上看，"太"结构比"可"结构有更强的感叹色彩。另外，"可+（非贬义）形/动+了$_2$"句式无论处于何种语境，都不会产生"过分"之意。从语用角度来说，在表达对人或事物的评价时，"太+形/动+了$_2$"常用于口语交流语体中，直接地表示感叹，可直接用于对听话人的评价。但"可+形/动+了$_2$"一般出现在客观描述和评价的语境中，在非交流语体中比较常见，不常直接评价听话人，而指向第三者。如一个学生在向老师当面表示感谢时，可能会说"吴老师，您真太好了"，一般不说"吴老师，您真可好了"。但如果该学生在向其他同学描述吴老师这个人时，则常会说"吴老师那人可好了，你去找他，他一定会帮忙"。这也需要在汉语教学中加以仔细甄别。

第八章 "了$_2$"表确定某状态的超常变化，并增加感叹色彩

结　　语

在对外汉语教学中，我们发现语气词"了$_2$"因其语法意义的独特性、语义变体的多样性和语用功能的虚幻性，比动态助词"了$_1$"的用法要复杂得多，而且我们的研究和解释工作在学生的反复追问下常常显得捉襟见肘。以往的研究往往只从一个角度来谈"了$_2$"某个方面的问题，从宏观上讲不够全面、系统；从微观上讲不够深入、细致。尽管汉语学界研究"了$_2$"很多年，可是面对教学中那些具体问题时，总觉得还有必要作更进一步的探讨。本书以追踪"了$_2$"隐现规律为线索，从理论到实践、从宏观到微观、从统计到例证、从描写到剖析，步步深入，多层面、多角度地进行综合分析，力求揭示"了$_2$"的隐现、分布和使用的规律。

我们认为，只从某一角度对"了$_2$"的隐现规律进行解释是片面的。所谓"了$_2$"的隐现是指：根据语义，"了$_2$"可以出现，但却没有出现。本书的观点是"了$_2$"的出现与否受到语义、语法、语用、音节四种条件的综合制约。制约"了$_2$"出现的首要条件是"了$_2$"的语法意义，"了$_2$"的核心语义为"界变"，这种"界变"可以演化为多种变体，结合"了$_2$"的语法形式，我们将变体分为六种：一是"了$_2$"表动作实现，并兼表事态变化；二是表主体状态的变化；三是提醒听话人事态将要变化；四是表对原词词义和词性的改变；五是表对原句动作延续时量的改变；六是表确定某状态的超常变化,并增加感叹色彩。并明确列出其典型语法形式,这些是"了$_2$"在汉语中分布的基本框架。但是这个因素只是制约"了$_2$"出现的因素之一,大量的语言事实表明"了$_2$"的隐现问题之所以复杂,原因在于其不以语义为唯一的出现条件。

语用因素是制约"了$_2$"隐现的另一个重要因素,其中包括语用功能、语体差异和语境特征。因为汉语中有两个"了",如果不能清楚地区分它们,就无法掌握"了$_2$"出现的轨迹。本书通过比较"了$_1$"和"了$_2$"在语用功能上的差异,明确"了$_2$"的语用功能是强调最终结果或者事态变化;强调事件的发生对现实的影响;有明显的表提醒的语用功能。此外,"了$_2$"句还常有独特的语用含义:强调某种变化,通过对比变前项和变后项的变化来使听话人自己体会到"言外之意"。由此在语用平面给"了$_2$"进行深层次定位。同时对"了$_1$""了$_2$"在使用中出现的某些共现和互换的"模糊状态"也从语用功能交集的角度进行了合理解释。

语法意义和语用功能是"了$_2$"出现的基本条件,此外,语体差异、语境特征、语用原则、音节因素和某些特殊语法句式也是构成"了$_2$"隐匿的重要因素。综合来讲,语体形式是制约"了$_2$"隐现规律的首要因素,"了$_2$"常出现在口语语体中,在非交流的书面语体中常隐而不现。其次是语境条件,包括句外语境和句内语境。句外语境是指在上下文中对过去时完成态或变化的语义有所提示;而且分句与分句之间的语义关系是并列的或承接的;在时间顺序上是连续的。如果存在上述句外语境条件,"了$_2$"就有可能自由隐现。另一方面,不管句子外部的语境如何变化,句内语境都可给"了$_2$"的隐匿提供条件。句内语境是指句内的结果补语、程度补语、结果义动词、动词的某些固定格式、"已经"等副词成分以及其他表"变化"的成分对"了$_2$"构成语义上的转喻，这些成分转喻"了$_2$"的显著度越高，其转喻"了$_2$"的可能性越大，"了$_2$"的隐匿频率也随之增加。这其中也自然涉及动词、形容词等中心词的语义特征。句外语境给"了$_2$"的自由隐现提供了必要的外部条件，句内语境给"了$_2$"的自由隐现提供了更加充分的内部条件。当句外语境的条件不利于"了$_2$"自由隐现时，如分句之间不再是连续的、平等的并列或承接关系时，依赖足够的句内语境条件，"了$_2$"仍可以自由隐现。而此句外语境、句内语境又在节约的语用原则的支配下，共同促使某些具备条件的句子末尾的"了$_2$"必须隐匿。语用功能因素是指这些含有隐匿的"了$_2$"的句子在语段中一般都处在非焦点信息上，不是语段起点、中间的重要转折和结果，无须"了$_2$"的"提醒"的语用功能。音节因素是指当"已经"等状语成分和结果义动词或者某些形容词组合后的音节数为"1+1"或"2+2"时，也能转喻"了$_2$"，使其自由隐现。特殊句式因素指"了$_2$"在某些特殊句式中存在自由隐现状态。如果除去语体形式的因素外，在有"了$_2$"的语义表达需求的前提下，一般必须使"了$_2$"出现的因素是语用功能，必须使"了$_2$"隐匿的因素是节约的语用原则，其他因素都是可使"了$_2$"自由隐现的条件。

在谈到"了$_2$"隐匿的句内语境条件时，我们引用了认知理论中"有界"与"无界"的概念来揭示句中其他成分与"了$_2$"隐匿之间的关系。从认知角度讲"了$_2$"的"完成""变化""实现"都是"有界"的转指。"了$_2$"的本质就在于"有界"。"有界"的事物和"有界"的动作之间是相通的，"无界"的事物和"无界"的动作是相匹配的。根据这个匹配原则和语料的实际情况，我们再来考察其与同现成分的关系发现：那些"有界"性质的同现成分较高频率地与

"了₂"同现，如"已经、早就、早已"等终结意义副词或者"消灭、达到、粉碎、占领"等结果义动词就常与"了₂"同现。而时间名词"每天"和时间副词"常常、一直"等具有"无界"性质，就不能与"了₂"自由同现，需要加以限制才可同现。"了₂"的"有界"本质在语义的深层次上制约着"了₂"的隐现以及与其同现单位的匹配关系。

在从宏观上揭示"了₂"隐现的基本条件之后，本书又从微观的层面具体论述了"了₂"在每种语义变体中的语义表现、语法形式、句法功能、隐现规律、语用条件、其他相关同现成分及其相互关系。当"了₂"表动作已发生并兼表事态变化时，"动词+了₂"是"了₂"出现的最普遍的语法形式，我们将能进入此格式的动词分为动作行为动词、心理状态动词和掌握某种技能的助动词。在"动作行为动词+了₂"中，"了₂"又可分为表提醒变化、开始、完成三种语义类型，不同语义特征的动词只能和"了₂"的某种语义类型相结合，这说明动词的动程对"了₂"的语义表现有决定性作用。本书根据"持续义"和"结果义"这两种语义区分的标准，同时结合动词的音节特征将动作行为动词分为"双音节结果义动词""单音节结果义动词"和"持续义动词"三种，并分类详尽分析了它们和"了₂"的隐现之间的关系。最终证明：除去音节等因素，动词表"结果义"的语义强度不同，在转喻"了₂"时，对句外语境和句内语境的依赖也不同，语义越强，依赖程度越低；语义越弱，依赖程度越高。还将其他句法成分与"了₂"的同现关系分为常与"了₂"同现的成分、需某种条件限制才能与"了₂"同现的成分、不可与"了₂"同现的成分三种情况进行解释。另外指出"喜欢""爱"等"心理状态动词"因其独特的语义特征也常需时间状语"现在"等条件加以限制后才能与"了₂"同现。状语成分一般来说对"了₂"的隐现影响不大，动词只有是双音节结果义时，和双音节以上的状语结合才可转喻"了₂"，使其可以自由隐现。补语成分因为语义本身即为补充说明动作的状态和结果，所以对"了₂"的隐现有较大的影响。表动作结果的结果补语或复合趋向补语、含结果义的程度补语都能转喻"了₂"，使其自由隐现。结果补语或者趋向补语表示动作结果的程度深浅不同，使得它们和动词结合后对"了₂"的转喻度也不同。一般说来，表结果的程度越深，越清晰，转喻显著度越高，需要的附加条件越少，如"有宾型结果补语"和"趋向补语"，还有"动词+无宾型结果补语+宾语"。表示结果的程度越浅，越模糊，转喻度也越低，需要的附加条件也越多，如"动词+无宾型结果补语"。本书还对和"了₂"语义、语法关系密切的"把"字句和"被"字句中"了₂"的隐现状况作了系统的语料库统计与分析。

当"了₂"表主体状态的变化时，主要语法结构由形容词、名词、代词、副词、数量词等非动词成分和"了₂"组合而成。"了₂"在时态上具有开始体的特征，它使这些表静止状态的成分转入运动状态，使它们在某种程度上具有了动词的词性。因此本来可以出现的动词谓语无须再出现，如"到了冬天了"可变成"冬天了"。汉语实词中的每一类都可以与变化义的"了₂"相组合，有的是全部可以，有的是部分可以。本书对进入该格式的形容词、代词、名词、副词、数量词的特点和这些词与"了₂"之间的组合关系进行了深入分析。

当"了₂"表提醒听话人事态将要变化时，通常和其他词语构成如下句式："（表可能、要求、愿望类）助动词+动词+了₂""不+动词+了₂""将要义副词/助动词'要'+动词+了₂""动词+了₂↗""我（们）+动词+了₂↗""不要/别+动词+了"

2。本书除了论述了以上六类结构的语义特征、"了$_2$"在其中的隐现状况、其他同现成分的语义特征及其与"了$_2$"的关系外,还对"(表可能、要求、愿望类)助动词+动词+了$_2$"这个结构模式中普遍存在着的两种结构层次予以关注,认为:可以归入"助动词+(动词+了$_2$)"的层次构造中的助动词为"应该、应当、可能";可以归入"(助动词+动词)+了$_2$"的为除了"可能"以外的其他表可能、要求、愿望类的助动词,如"会、必须、可以"等。原因在于:"了$_2$"有表动作完成和表事态变化两种基本语义变体,在每种语义变体中其与助动词、动词的组合关系也是不同的。

"了$_2$"在句法平面表现的变化义还体现在其构词功能上。它可以作为自由语素与其他语素一起构成新的合成词,改变了变前项中原词的词义和词性,如"对了、糟了、算了"等。其中"算了、得了、行了、好了、罢了"这五个词语都含有放弃和停止的语义,从语用层面上看,都有转换话题的功能。这种相似性常给学习汉语的外国人造成使用中的困惑,但在目前的汉语研究中鲜有论述,本书充分辨析了它们的异同,给汉语教学提供了第一手参考资料。

"了$_2$"的语义变体之一是表对原句动作延续时量的改变,典型句式有三种:"动词+(了$_1$)+时量/动量补语+(宾语)+了$_2$""动词+(了1)+数量词定语+宾语+了$_2$""时间段+没有+动词+(宾语)+了$_2$"。本书着重探索"了$_2$"在三类句式中的语义表现,"动词+(了$_1$)+时量补语+(宾语)+了$_2$"中的时量所指,"了$_2$"在这些句式中和其他时间名词、"已经"类副词等同现的情况。

当"了$_2$"与某些表极高程度的副词组成固定格式时,"了$_2$"的语义为对某种状态由一般到非一般的程度变化予以确定,并增加了感叹色彩。语法形式为:"太+形/动+了$_2$""最+

形/动+了₂""可+形/动+了₂"。因为"太、最、可"这三个副词本身就有超过正常程度的语义，所以"了₂"在此是非核心语义成分。本书对这三种句式的语法意义，做定语、谓语等的句法功能，语用条件，与"不"等副词的组合情况等逐一阐述，并描写了可进入此类结构的动词和形容词的语义特征。同时指出"可+形/动+了₂"和"太+形/动+了₂"两种结构在语义等方面的细微差别。

  本书系统、全面、深入地考察了"了₂"的隐现及分布规律，初步建立起了一个能有效应用于对外汉语教学的"了₂"的全方位的描写体系。由于侧重于结合教学实践，对某些问题的探讨理论深度还不够。比如"了₂"的核心意义是表"界变"，语用功能是"提醒"。不同语义变体条件下，这两种要素表现出的此起彼伏的不平衡性值得我们关注。在某些语义变体中，"了₂"出现的作用主要是体现其表"完成"和"变化"的语义，而在某些变体中，除了表"变化"外，也会着重体现其"提醒"的语用功能。如在"动作行为动词+了₂"的句子中，"了₂"的语法意义是"表动作完成兼表事态变化"，"了₂"出现与否，句子的语义变化有天壤之别。当"了₂"表提醒听话人事态将要变化时，它表事态"变化"，也凸显"提醒"的语用功能，此时"了₂"的语义强度很弱，对句子整体语义的影响很小。由此可见"了₂"在汉语中的语义表现时虚时实，而且有时语用功能和语法意义相互交错，实难拆分，这些问题都还有待于进一步深入研究。

  另外，对"了₂"的隐现规律的追踪涉及句内语法成分、句外语境、语体、语用功能、音节等诸多因素，本书使用的两个语料库规模有限，统计方法相对简单，在分析"了₂"在非交流语体中的出现状况、音节因素对"了₂"的隐现的影响等问题的论述上只做到了例证，而没有做到穷尽式分析。

本研究是从对外汉语教学角度所做的基础研究，目的在于找出"了$_2$"的隐现和分布规律。对语言事实的充分描写是对外汉语语法研究和语法教学研究的基础，从这一点上讲，"了$_2$"的研究也还需要更加科学、更大规模的实证性研究来进行验证。这需要汉语学界的同行们一起为此付出更多的努力。

参 考 文 献

1. 北京大学中文系现代汉语教研室:《现代汉语》,商务印书馆1993年版。
2. 黄伯荣、廖序东:《现代汉语》,高等教育出版社1991年版。
3. 何自然:《语用学概论》,湖南教育出版社1988年。
4. 冯胜利:《汉语的韵律、词法与句法》,北京大学出版社2009年版。
5. 国家汉考中心:《汉语水平词汇与汉字等级大纲》(修订本),经济科学出版社2001年版。
6. 金立鑫:《对外汉语教学虚词辨析》,北京大学出版社2005年版。
7. 李大忠:《外国人学汉语语法偏误分析》,北京语言文化大学出版社1996年版。
8. 李行健:《现代汉语规范词典》,外语教学与研究出版社2004年版。
9. 刘月华:《实用现代汉语语法》(增订版),商务印书馆2001年版。
10. 卢福波:《对外汉语教学语法研究》,北京语言大学出版社2004年版。
11. 鲁川、林杏光:《动词大词典》,中国物资出版社1994年版。

12. 鲁健骥：《外国人学汉语的语法偏误分析》，语言教学与研究 1994 年版。

13. 陆俭明、马真：《现代汉语虚词散论》，语文出版社 1999 年版。

14. 陆俭明：《现代汉语语法研究教程》，北京大学出版 2003 年版。

15. 陆俭明：《汉语和汉语研究十五讲》，北京大学出版社 2003 年版。

16. 吕叔湘：《中国文法要略》，商务印书馆 1982 年版。

17. 吕叔湘：《现代汉语八百词》，商务印书馆 1999 年版。

18. 吕文华：《对外汉语教学语法探索》，北京语言大学出版社 2008 年版。

19. 齐沪扬：《语气词与语气系统》，语文出版社 1992 年版。

20. 沈家煊：《认知与汉语语法研究》，商务印书馆 2006 年版。

21. ［日］太田辰夫：《中国语历史文法》，蒋绍愚、徐昌华译，北京大学出版社 1987 年版。

22. 王力：《汉语史稿》，中华书局 1980 年版。

23. 徐子亮：《汉语作为外语教学的认知理论研究》，华语教学出版社 2000 年版。

24. 赵金铭：《对外汉语教学概论》，商务印书馆 2004 年版。

25. 赵金铭、崔希亮：《新视角汉语语法研究》，北京语言文化大学出版社 1997 年版。

26. 赵燕皎、张起旺：《汉语口语》，华语教学出版社 1989 年版。

27. 赵元任：《汉语口语语法》，商务印书馆 1979 年版。

28. 张斌、张谊生：《现代汉语虚词》，华东师范大学出版社 2000 年版。

29. 郑懿德：《汉语语法难点释疑》，华语教学出版社 2001 年版。

30. 朱德熙：《语法讲义》，商务印书馆 1982 年版。

31. Lankoff, George and Mark Johnson. *Metaphors We Live by*. Chicago：Chicago University Press，1980.

期刊论文

1. 曹广顺：《语气词"了"源流浅说》，《语文研究》1987 年第 2 期。

2. 崔希亮：《试论理论语法与教学语法的接口》，见《中国对外汉语教学学会第七届学术研讨会论文集》，高等教育出版社 2001 年版。

3. 陈前瑞：《句尾"了"将来时间用法的发展》，《语言教学与研究》2005 年第 1 期。

4. 陈贤纯：《句末"了"是语气词吗？》，《语言教学与研究》1979 年第 1 期。

5. 陈忠：《"了"的隐现规律及其成因考察》，《汉语学习》2002 年第 1 期。

6. 储诚志：《语气词语气意义的分析问题——以"啊"为例》，《语言教学的研究》1994 年第 4 期。

7. 高顺全：《从语法化的角度看语言点的安排——以"了"为例》，《语言教学与研究》2006 年第 5 期。

8. 贺阳：《汉语完句成分初探》，《语言教学与研究》1994 年第 4 期。

9. 胡明扬：《单项对比分析法——制定一种虚词语义分析

法的尝试》,《中国语文》2000年第6期。

10. 胡明扬:《汉语和英语的完成态》,《语言教学与研究》1995年第1期。

11. 胡明扬:《语体和语法》,《汉语学习》1993年第2期。

12. 黄国营:《句末语气词的层次地位》,《语言研究》1994年第1期。

13. 金立鑫:《"S了"的时体意义及其句法条件》,《语言教学与研究》2003年第2期。

14. 金立鑫:《试论"了"的时体特征》,《语言教学与研究》1998年第1期。

15. 金立鑫:《"没"和"了"共现的句法条件》,《汉语学习》2005年第1期。

16. 金立鑫:《现代汉语"了"研究中的"语义第一动力"的局限》,《汉语学习》1999年第5期。

17. 李兴亚:《试说动态助词"了"的自由隐现》,《中国语文》1989年第5期。

18. 李冠华:《"V去了"说略》,《汉语学习》1991年第3期。

19. 李铁根:《"了$_1$""了$_2$"的区别方法的商榷》,《中国语文》1992年第4期。

20. 李晓琪:《论对外汉语虚词教学》,《世界汉语教学》1998年第3期。

21. 李宗江:《说"完了"》,《汉语学习》2004年第5期。

22. 李讷、石毓智:《论汉语体标记诞生的机制》,《中国语文》1997年第2期。

23. 刘坚、江蓝生、白维国、曹广顺：《近代汉语虚词研究》，语文出版社1992年版。

24. 刘勋宁：《现代汉语句尾"了"的语法意义及其解说》，《世界汉语教学》2002年第3期。

25. 刘勋宁：《现代汉语句尾"了"的来源》，《方言》1985年第2期。

26. 刘元满：《"太+形/动"与"了"》，《语言教学与研究》1999年第1期。

27. 卢福波：《语法教学与认知理念》，见《第八届国际汉语教学讨论会论文选》，高等教育出版社2007年版。

28. 陆俭明：《"VA了"述补结构语义分析》，《汉语学习》1990年第1期。

29. 卢英顺：《试论"这本书我看了三天了"的延续性问题》，《汉语学习》1993年第4期。

30. 卢英顺：《谈谈"了$_1$"和"了$_2$"的区别方法》，《中国语文》1991年第4期。

31. 吕必松：《对外汉语教学概论》，《世界汉语教学》1995年第1期。

32. 吕文华：《"了$_2$"语用功能初探》，见《语法研究与探索》（六），语文出版社1992年版。

33. 吕文华：《"了"与句子语气的完整及其他》，《语言教学与研究》1983年第3期。

34. 马庆株：《自主动词与非自主动词》，见《二十世纪现代汉语研究资料丛书》，商务印书馆2005年版。

35. 马希文：《关于动词"了"的弱化形式/lou/》，《中国语言学报》1983年第1期。

36. 孟艳丽：《谈"S+T+没（有）+V+（O）+了"句

式》，《汉语学习》2006年第1期。

37. 彭伶楠：《"好了"的词化、分化和虚化》，《语言科学》2005年第3期。

38. 彭小川、周芍：《也谈"了$_2$"的语法意义》，《学术交流》2005年第1期。

39. 齐沪扬：《语气词"了"的虚化机制及历时分析》，《忻州师范学院学报》2003年第2期。

40. 沈开木：《了$_2$的探索》，《语言教学与研究》1987年第2期。

41. 史锡尧：《语气词"了"、"呢"的表意作用》，《汉语学习》1990年第2期。

42. 石毓智：《论汉语体标记诞生的机制》，《中国语文》1997年第2期。

43. 孙德坤：《外国学生现代汉语"了"的习得过程初步分析》，《语言教学与研究》1993年第2期。

44. 谭春健、赵刚：《"NP+了"的解释及教学策略》，《云南师范大学学报》2005年第1期。

45. 王灿龙：《关于"没有"跟"了"共现的问题》，《世界汉语教学》2006年第1期。

46. 王光全、柳英绿：《同命题"了"字句》，《汉语学习》2006年第3期。

47. 王红旗：《"别V了"的意义是什么——兼论句子格式意的概括》，《汉语学习》1996年第4期。

48. 王维贤：《"了"字的补义》，《语法研究与探索》1991年第5期。

49. 汪有序：《怎样教学"不、没、了、着、过"》，见《第三届国际汉语教学讨论会论文》，北京语言学院出版社

1988年版。

50. ［日］望月圭子：《汉语里的"完成体"》，《汉语学习》2000年第1期。

51. 吴福祥：《重谈"动+了+宾"格式的来源和完成体助词"了"的产生》，《中国语文》1998年第6期。

53. 武果、吕文华：《"了$_2$"句句型场试析》，《世界汉语教学》1998年第2期。

55. 萧国政：《现代汉语句末"了"的析离》，《面临新世纪挑战的现代汉语语法研究》，山东教育出版社2000年版。

56. 邢福义：《说"NP了"句式》，《语文研究》1984年第3期。

57. 余又兰：《汉语"了"的习得及其中介语调查与分析》，见《第六届国际汉语教学讨论会论文选》，北京大学出版2000年版。

58. 燕燕：《"了$_2$"类析》，《汉语学习》2002年第3期。

59. 杨德峰：《"动+趋+了"和"动+了+趋"补议》，《中国语文》2001年第4期。

60. 叶步青：《"了"的语用功能及其真实含义》，见《第六届国际汉语教学讨论会论文选》，北京大学出版社2000年版。

61. 杨寄洲：《对外汉语教学初级语法项目的排序问题》，《语言教学与研究》2000年第3期。

62. 赵金铭：《对外汉语教学语法与语法教学》，《语言教学与应用》2002年第1期。

63. 赵立江：《留学生"了"的习得过程考察与分析》，《语言教学与研究》1997年第2期。

64. 赵世开、沈家煊：《汉语"了"字跟英语相应的说法》,《语言研究》1984年第1期。

65. 张黎:《"界变"论》,《汉语学习》2003年第1期。

66. 张其均:《语气词"了"的修辞意义》,《齐齐哈尔师范学院学报》1995年第4期。

67. 郑怀德:《"住了三年"和"住了三年了"》,《中国语文》1980年第2期。

68. Shou-hsin Teng:The Acquisition of "了·le" in 了$_2$ Chinese,《世界汉语教学》1999年第1期。

后　　记

　　从事对外汉语教学十多年了，接触到世界各国的留学生，也曾在国外亲身体会到异国他乡的人们对汉语和中国文化的向往和痴迷，心中总是充满幸福感和责任感。感到幸福是因为在一个全球化的时代能肩负传授本民族语言和文化的使命，可以和全世界的朋友没有间隔地沟通；感到一种责任是因为总有一种思虑在心头萦绕，"如何帮助一个外国留学生在最短的时间内，最快、最好地学习并掌握汉语？"在大量的教学工作中，我发现虚词教学总是难以达到理想的效果，尤其是语气词"了"的用法更是让学生们摸不着头脑，但这对于习得汉语而言恰恰又是最重要的，所以带着教学中的种种疑问开始了对这个虚词的艰难探索。

　　科学研究的意义在于解开谜题，而语气词"了"的隐现和分布在汉语中无疑就是这样一道有趣的谜题。虽然大家绞尽脑汁，不舍昼夜，对其研究仍然无法穷尽。在汉语的所有语汇中，它的出现像星星一样，闪烁夜空，平凡至极；又像宝石一样璀璨夺目，时隐时现。它既是汉语言研究者和学习者的障碍，又是吸引大家前赴后继去追寻的圣殿。唯愿以此书做铺路石子，给学习者以导引，予研究者以启迪。

　　在研究过程中，首先要感谢我的学生们，因为他们激发了我的研究热情，并且积极地和我沟通，研究的思路和想要得到的答案在这过程中也渐渐清晰起来。

另外要感谢学术界的同人和前辈们，我从现有的研究资料中汲取了充足的养分，获得灵感，少走了不少弯路。同时发现在这条道路上还有这么多朋友，虽不曾谋面，却有着共同的语言和目标，这种缘分让我深感幸运，备受鼓舞。

　　特别感谢柳英绿教授，承蒙他的悉心指导，本书才得以顺利完成。先生为人淳朴、善良，治学踏实、严谨。跟随他学习的过程是我一生中难忘的幸福时光，获益良多。特在此表达我深深的谢意！

王巍

2018年4月5日